Anonymus

**Erzählungen meines Grossvaters**

Anonymus

**Erzählungen meines Grossvaters**

ISBN/EAN: 9783742890665

Hergestellt in Europa, USA, Kanada, Australien, Japan

Cover: Foto ©ninafisch / pixelio.de

Manufactured and distributed by brebook publishing software
(www.brebook.com)

Anonymus

**Erzählungen meines Grossvaters**

# Erzählungen

# meines Großvaters.

Leipzig,

Verlag von Duncker & Humblot.

1883.

# Inhalts-Verzeichniß.

# I.

## Prolog (1845).

———

Es wird nächstens sieben und dreißig Jahre her sein, daß ich zum ersten Male Riga und das Haus meines Großvaters betrat.

Die Reise in die Landeshauptstadt war das erste große Ereigniß meiner Kindheit gewesen. Lebhaft steht die innere Einrichtung des geräumigen Planwagens vor meinem geistigen Auge, der meinen gleichaltrigen Reise= gefährten G., die Leiterin unserer Expedition, Frau A. und meine neunjährige Person über die sandige Land= straße nach „Hilchensfähre" und von dort über Neuen= mühlen der Stadt zuführte, in welcher der Petrithurm stand und der General=Gouverneur residirte. Unaufhörlich hatten wir unsere Aufsichts= und Ehrendame mit der Frage gequält, ob der Thurm, den wir für das höchste und merkwürdigste Bauwerk der Welt hielten, schon sichtbar sei und schmerzlich war die Enttäuschung, als uns schließlich eine die Hilchensfähre'schen Wälder über= ragende Nadelspitze mit den Worten gezeigt wurde „das ist er". Und von da ab hatte es noch einen halben Tag und ein abermaliges Futterstündchen gekostet, bevor unser knarrendes Gefährte vor der Alexander=Pforte angelangt war und nach überstandener Visitation durch den Accisebeamten über das entsetzliche Pflaster der Vor= stadt den hohen Wällen zurollte, welche das damalige Riga einschlossen. Auf der Scheidelinie zwischen Stadt und Vorstadt hatten wir eine uns endlos dünkende Viertel= stunde warten müssen, weil die, eine förmliche hohle Gasse darstellende Stadtgrabenbrücke von einer endlosen Reihe von Fuhren eingenommen war. An der darauffolgenden Durchfahrt durch das äußere Sandthor und an dem Ge= schrei des mit einem Raupenhelm geschmückten städtischen Polizeisoldaten war es noch nicht genug gewesen: dieselbe Procedur, dasselbe Geschrei und dieselbe Wahrscheinlichkeit von einem Flachswagen umgefahren zu werden, hatte sich an dem inneren Thor noch ein Mal wiederholt und dann erst waren wir in das Weichbild der Stadt einge= drungen um an dem mythischen Thurme vorüber, in die Gasse einzubiegen, in welcher ich abgeliefert werden sollte.

Das Haus, welches mein Großvater und sein älterer Bruder bewohnten, war in einer der engsten und finstersten Straßen der von doppelten Wällen umgebenen, für ihre

Bewohner längst zu eng gewordenen Stadt belegen; der
düstere Eindruck, den dasselbe dem auf dem flachen Lande
aufgewachsenen Knaben machte, spiegelte aber nur den
ernsten, sorgenvollen Charakter wieder, den die gesammte
Rigaer Existenz jener Zeit trug. Diese Zeit war ja
die „vor-Suworow'sche", die Zeit der Bauernunruhen
und kirchlichen Wirren in Livland, der Stackelberg-
Chanykow'schen Commission und jenes Golowin'schen
Regiments, das wie ein bleierner Alp auf dem gesammten
Lande lastete. Der Gegensatz zwischen den alten, die
Fiction einer selbstständigen civitas Rigensis aufrecht-
erhaltenden Formen des öffentlichen Lebens und den von
den neuen Machthabern verfolgten Tendenzen war ein
so handgreiflicher, daß eine Ahnung d e r Dinge, um
welche es sich handelte, selbst uns Kindern aufdämmerte.
Deutlich erinnere ich mich des Eindrucks, den es mir
machte: daß Vormittags die Erwählung zweier neuer
Rathsherrn vom Rathhaus-Balcon herab als große Staats-
action verkündigt worden war und daß man Nachmittags
erzählte, der General-Gouverneur habe einen der Bürgermeister wegen eines Zusammenstoßes mit Herrn von
Stackelberg ohne Weiteres arretiren lassen wollen. „Onkel
Stackelberg" (so hatte der gefürchtete „Revident" noch
wenige Jahre zuvor für mich geheißen, dessen Eltern in
der kleinen zuerst von ihm revidirten und außerordentlich
günstig behandelten Stadt lebten), „Onkel Stackelberg"

1 *

und der liebenswürdige Herr Beglimischew, der meine
ersten russischen Uebersetzungen durchgelesen hatte, waren
ja nach Riga gekommen, um den „Rath" schlecht zu
machen, an die Stelle der deutschen russische Rathmänner
einzusetzen und auf die Annahme desselben „griechischen
Glaubens" hinzuwirken, dessen Verbreitung unter unsern
Bauern dem Pastor, den Eltern und allen andern ehrlichen
Leuten so viel Herzeleid bereitet hatte. Davon flüsterte
man in den Schulen und Kinderstuben längst ebenso
eifrig, wie von der Absetzung des „alten Rectors Ulmann",
der dafür bestraft worden war, daß die Dorpater Studenten
unter seinem Fenster „Was ist des Deutschen Vaterland"
gesungen hatten und von dem finstern unnahbaren Wesen
des General-Gouverneurs Golowin, der die Gymnasiasten
einstecken ließ, wenn sie ihn nicht grüßten. Wie sollte
uns verborgen bleiben, was das ganze Land wußte:
daß Herr von Stackelberg, um hinter die angeblichen
„Geheimnisse" der Irrenanstalt Alexandershöhe zu kommen
und dem alten Gouverneur Fölkersahm „Eins zu versetzen"
als Soldat verkleidet in diese Anstalt gekommen war,
— daß er den Kaufmann Antipoff und andere Riga'sche
Russen zu Beschwerden über Unterdrückung anzustiften
versucht hatte, daß das Hauptinstrument dieser Umtriebe
der weggejagte Mitau'sche Advokat Powitz-Epping war
und daß hinter dem Allen der Archirei (griechische Erz-
bischof) stecken sollte, dem wir nie anders als mit Schrecken

begegneten, weil wir ihm die Absicht zuschrieben, uns in die nächste griechische Kirche zu schleppen und (wie so vielen Bauernkindern geschehen war!) „salben" zu lassen. Waren die kindischen Balgereien zwischen den beiden Parteien (der Deutschen und der Russen) in unserer Schule doch nur ein Abbild der ernsten Kämpfe, welche die erwachsenen Leute damals auszufechten hatten! Schade nur, daß der Verlauf dieser Kämpfe im wirklichen Leben nicht ganz derselbe war, wie in der Schule. Während bei uns die Partei der Russen alltäglich Deserteure aufzuweisen hatte, lag in dem erwachsenen Riga die Sache nahezu umgekehrt. Der Hauptanführer unserer „Russen" erklärte eines Tages, daß er sich überzeugt habe, ein echter Riga'scher Junge müsse zur deutschen Partei gehören; drüben aber stand in der vordersten Reihe der Feinde ein Sohn der alten Stadt, der ehemalige Bürgermeister Timm!

Zur Beschäftigung mit den Dingen, welche die er= wachsenen Leute bewegten, hatte ich freilich reichlichere Gelegenheit als andere Kinder, denn in dem Hause des Großvaters ging es stiller und einförmiger zu, als in jüngeren und kinderreicheren Häusern. In die fünf großen, dunkel und altmodisch ausgestatteten Stuben, in welche man aus der mächtigen, auch im Sommer kühlen Vor= halle des Hauses und über die kaum sichtbare, breite Treppe gelangte, drang nur selten ein Sonnenstrahl und noch seltener ein anderes Geräusch, als dasjenige der

vorüberrollenden Lastwagen. Der Ton der alten englischen Uhr, welche im Vorzimmer stand, klang ebenso
ernst und feierlich als derjenige der benachbarten Dom-
kirchenuhr, und der Rhythmus unseres Lebens stand in
Bezug auf Regelmäßigkeit und Gleichförmigkeit hinter dem
Tactschlag des von „J. Milne, Montrose" verfertigten
Zeitmessers nur wenig zurück. Wenn ich Morgens das
Rüstzeug für die Schule anlegte, saß der Großvater bereits
in seinem grausammtnen Schlafrock stramm und fest an
seinem großen Mahagony-Schreibtisch hinter den Acten
und an dem nämlichen Fleck und in der nämlichen Positur
fand ich ihn wieder, wenn ich um 1½ Uhr zu der kurzen,
kaum zweistündigen Mittagspause heimkehrte, — nur daß
der Schlafrock einem braunen Surtout Platz gemacht
hatte und daß der Morgens nicht sichtbar gewesene, kurz
vor Tisch von seiner Promenade zurückgekehrte Großonkel
in seinem mit goldenen Knöpfen geschmückten Frack auf
dem Sopha Platz genommen hatte, um das Neueste aus
der Stadt zu erzählen. Das Mittagessen wurde rasch
absolvirt, denn die beiden alten Herren sehnten sich nach
ihrer Siesta und mich trieb es in die Schule. Kehrte
ich Abends aus derselben zurück, so bot sich dasselbe Bild
wie zur Morgenstunde dar — der Großvater saß hinter
dem Schreibtisch und der Onkel wurde noch erwartet.
Um neun Uhr verkündete die schrille, überlaute Hausglocke
seine Rückkehr aus dem Theater und dann ging es zum

Theetisch, auf welchem neben der landesüblichen Maschine einige aus der benachbarten Sommer'schen Bäckerei stammende, warme Kringel, ein Schnitt Braten und ein Stück Edamer Käse lagen. Um zehn Uhr mußte ich auf einen stummen Wink von der weißen wohlgepflegten Hand, die ich zum „Gute Nacht" küßte, verschwinden, um je nach Belieben von dem kommenden Tage oder von dem fernen Elternhause zu träumen.

So folgte ein Tag dem andern in geräuschlosem Ernst. Eine Ausnahme machte natürlich der Sonntag, an welchem regelmäßig bei einer verwittweten Schwester des Großvaters en famille gespeist und Abends von dem Onkel ein Iffland'sches oder Schiller'sches Stück vorgelesen wurde — eine Unterhaltung, an welcher der an seinen einsamen Gewohnheiten festhaltende Großvater übrigens nicht Theil nahm.

Die Hausordnung verlangte, daß ich mich Punkt 10 Uhr zu Bette begab: Nichts desto weniger begann der eigentliche Tag für mich aber erst Abends um 9 Uhr am Theetisch. Dann thaute der ernste Großvater, dessen großes blaues Auge den Tag über freundlich aber ernst auf uns geruht hatte, zuweilen auf und begann er bei der Cigarre (der einzigen, die er sich den ganzen Tag über erlaubte), mit dem immer liebenswürdigen und frischen Bruder von „alten Zeiten" zu plaudern. Die beiden fast gleichaltrigen alten Herren (der Onkel war

1778, der Großvater 1779 geboren) waren ihr gesammtes langes Leben gesonderte Wege geführt und erst als Greise unter einem Dach vereinigt worden.

Nach Anlage, Charakter und Beruf verschieden, früh von einander getrennt und in heterogene Bahnen gerichtet, lernten die Brüder einander erst als angehende Siebziger kennen, um am Abend des Lebens auszutauschen, was sie während der entscheidenden Jahre desselben erfahren hatten. Der Großonkel hatte seine Jugend in dem Petersburg Kaiser Pauls, seine späteren Jahre fast ausschließlich in Deutschland und zwar als Zeuge der französischen Gewaltherrschaft, dann der Befreiungskriege und der auf diese folgenden quietistischen Periode verbracht; mein Großvater war nach beendeter Studienzeit in Riga heimisch geworden und — von einer Ausnahme abgesehen, — nicht mehr über die Landesgrenze gelangt. Die gesammte Landesgeschichte und Landestradition des 18. Jahrhunderts war ihm, dem Sohne eines vor hundert Jahren aus Pommern eingewanderten Geschlechts so genau bekannt, als habe er sie selbst erlebt, und jede der verschiedenen Phasen seines wechselvollen Lebens hing mit irgend einem geschichtlich gewordenen Ereigniß zusammen. Seine Kinder-erinnerungen fielen in die Statthalterschafts-Periode und in die Tage des Grafen Browne — Kurland hatte er noch in den Tagen seines letzten Herzogs, des „langen Peter" gekannt — zur Zeit der Wiederherstellung der alten Verfassung und jener Gerstdorf'schen „sournée", welche den in das Adelsbuch geschriebenen Geschlechtern in die Ritterschaftsmatrikel verhalf, war er Student gewesen, — Friedrich v. Sivers, der Schöpfer der Bauern-Verordnung von 1804, hatte während des Landtags von 1803 in seinem Hause gewohnt, — den Brand der Vorstädte hatte er als reifer Mann mit eigenen Augen gesehen, den unvergeßlichen Kaiser Alexander I. einmal und den Marquis Paulucci Jahre lang fast in jeder Woche gesprochen und diese reiche, wechselvolle Vergangenheit lag ihm ungleich näher als die Gegenwart, mit der er nichts zu schaffen haben mochte. Wenn er (was freilich selten geschah) in Feuer gerieth, so wußte er lebensvoller zu erzählen, als ich es je von einem jungen Manne gehört habe. Je weiter die Tage zurück lagen, von denen er redete, desto plastischer verstand er dieselben zu schildern und den Zuhörer schließlich zu dem Glauben zu bringen, er sehe den „Marquis", Hans Schwartz oder „unsern vortrefflichen Sonntag" leibhaftig vor sich. Und was wußte der Onkel nicht erst zu berichten, wenn er auf die Tage zu reden kam, da er an der Thür Kaiser Paul's als Chevalier-Garde Wache gestanden und hinter dem Wagen Stanislaus Poniatowski's, des Exkönigs von Polen, hergeritten war! Den Kaiser Napoleon hatte er gesehen, mit dem Marschall Davoust, während der Belagerung von Hamburg, förmliche Verhandlungen geführt, — Tieck

intim gekannt und mit Iffland und Fleck (dem Bruder
seiner ersten Frau) mehr wie einmal Comödie gespielt!
— All' diese merkwürdigen Dinge aber breiteten die alten
Herren, wenn sie bei Laune waren, vor einem Knaben
aus, der bis dahin die Welt zwischen Aa und Düna für
die ganze Welt gehalten hatte, dem nun durch diese abend=
lichen Unterhaltungen ungeahnte neue Perspectiven eröffnet
wurden und dessen Fragen sie bereitwillig beantworteten,
— wenn es nicht schon 10 Uhr geschlagen und wenn
die Haushälterin nicht ihr „Herrchen! wir müssen zu
Bett" gerufen hatte.

Wenn ich hinzufüge, daß seit diesem etwa anderthalb
Jahre andauernden, in seiner Weise unvergleichlichen Ge=
schichtscursus fünf und dreißig Jahre verflossen sind und
daß der Zuhörer bei Beschluß desselben das zwölfte Lebens=
jahr noch nicht absolvirt hatte, so ist erklärt, warum die
nachfolgenden Blätter wenig mehr als einzelne Bilder
enthalten, — Bilder, die des festen Umrisses ebenso ent=
behren, wie der gehörigen Reihenfolge und Ordnung und
schon aus diesem Grunde einen traumhaften Eindruck
machen mögen. Beim Niederschreiben derselben ist dem
Verfasser in der That zu Muthe gewesen, als löse die
ihn umgebende Welt sich in einen Traum auf, — die
längst zum Traum gewordene Wirklichkeit von damals
aber sei leibhaftig erstanden, die längst verklungene liebe
Stimme des alten Herrn mit dem großen blauen Auge

berühre wieder das Ohr des Hörers, um begleitet von
dem Tactschlag der alten Uhr aus der Werkstatt John
Milne's von Montrose von den alten Zeiten zu erzählen,
wo die Welt noch gewöhnlich war und wo dasselbe Gesetz,
das das Leben des Ahnherrn geregelt, unverändert für
den Enkel galt.

# II.

## Pernau und Oesel (1779—1793).

———

Zunächst muß ich berichten, warum mein Großvater und sein Bruder, der Großonkel, nicht zusammen erzogen worden waren und warum die beiden alten Herren einander eigentlich erst als Greise kennen lernten.

Meinen Urgroßeltern waren während der ersten Jahre ihrer Ehe (sie lebten damals · in Pernau) lauter Söhne — ich glaube vier hinter einander — geboren worden, während der nach Oesel verheiratheten Schwester meiner Urgroßmutter ausschließlich Töchter bescheert waren. Um sich für diese Einförmigkeit ihrer Nachkommenschaft zu entschädigen, hatten die beiden alten — damals übrigens noch ziemlich jungen — Damen einen Tausch beschlossen; mein Großvater kam um die Mitte der 80er Jahre nach Oesel, wo er mit seinen Cousinen erzogen wurde, während die Urgroßeltern eine ihrer Arensburger Nichten in das

Haus nahmen und „unter die Jungens steckten". Wie
lange dieses wunderliche Verhältniß gedauert hat, vermag
ich mit Genauigkeit nicht mehr anzugeben — einige Zeit
muß es gewährt haben, denn die in Veranlassung der
Einführung der Statthalterschaftsordnung nach Riga über=
gesiedelten Urgroßeltern nahmen die öselsche Cousine an
den neuen Wohnort mit und mein Großvater wußte aus
Arensburg Dinge zu berichten, wie sie nur ein halb=
wüchsiger Knabe erlebt haben konnte.

Ueber die Pernauer Zustände des 18. Jahrhunderts
besitzen wir so ausführliche Berichte, daß auf diese
exemplificirt werden kann. Zur Zeit der Niederlassung
meiner Urgroßeltern gab es in dieser Stadt noch Leute,
die sich des schwedischen Regiments und des nordischen
Krieges erinnerten, der den größten Theil des „alten
Embeck" in einen Trümmerhaufen verwandelt hatte. Der
Großvater meiner (aus einem schwedischen Geschlecht
stammenden) Urgroßmutter war Königlicher Capitän,
Ordonnanzofficier Karl's XII., und, wie er oft gerühmt
hatte, neben dem Stallmeister v. Rosenberg, einer der Ge=
nossen des berühmten Rittes von Bender nach Stralsund
gewesen — auf einer der letzten Stationen dieser tollen
Expedition übrigens halbtodt liegen geblieben. — Wenn
mein Großvater auf dieses Capitel der Familien=Tradition
zu reden kam, pflegte er den Vers zu citiren, den der
König und seine Begleiter auf den Tisch eines deutschen

Wirthshauses, in welchem sie grob behandelt worden waren,
geschrieben haben sollen:

> Wenn mancher Mann wüßte
> Wer mancher Mann wär'
> Gäb' mancher Mann manchem Mann
> Manchmal mehr Ehr.
> Weil mancher Mann n i ch t weiß
> Wer mancher Mann ist
> Auch mancher Mann manchen Manns
> Ehre vergißt.

Ob dieser Vers echt ist und ob er am Ende unsern
Ahnherrn zum Verfasser gehabt, habe ich niemals er=
fahren können, da die Biographien Karl's XII. desselben
— so viel ich weiß — nirgend Erwähnung thun.

Pernau zählte während der 80er Jahre des philo=
sophischen Jahrhunderts zweihundert Gebäude, von denen
nur 56 in Stein aufgeführt waren; um die Zahl der
vor den Thoren dieser „in gutem Stande" befindlichen
Festung belegenen Häuser scheint man sich ebenso wenig
gekümmert zu haben, wie um diejenige der Einwohner,
da alle bezüglichen Angaben fehlen. Das damalige Dorpat
soll 3300 Bewohner aufzuweisen gehabt haben und diese
Ziffer dürfte auch in Pernau schwerlich überschritten worden
sein. Man war in der Seestadt Pernau besser daran,
als in den zu völliger Nichtigkeit herabgesunkenen Binnen=
städten, — von einem Aufschwung aber ließ sich auch
dort noch nichts verspüren. Das Leben bewegte sich in

den engen Schranken, welche die Folgen der langen
Kriegszeit der städtischen Entwicklung des gesammten
Landes gezogen hatten. Der von 60—90 alljährlich ein=
laufenden Schiffen bediente Handel vermochte trotz der
ziemlich reichlichen Gelegenheit zur Ausfuhr nicht auf den
grünen Zweig zu kommen, weil die Einfuhr sich der all=
gemeinen Armuth wegen in den bescheidensten Grenzen
hielt und weil die Frachten dadurch vertheuert wurden.
Die üble Beschaffenheit des Pernaustroms zwang größere
Schiffe auf der Rhede liegen zu bleiben, wo dieselben
schutzlos der See und den Stürmen ausgesetzt waren,
— die Schwerfälligkeit des kostspieligen und compli=
cirten Zollverfahrens lähmte den merkantilen, der Ballast
längst obsolet gewordener Zunftordnungen den gewerb=
lichen Aufschwung. Dazu kamen unaufhörlich wechselnde
Ausfuhrverbote, welche je nach dem Ausfall der Ernte
erlassen und wieder aufgehoben wurden und jede solide
Speculation unmöglich machten, — unzweckmäßig umgelegte
Steuern und erdrückende Einquartierungslasten, die mit
den Türkenkriegen und den Truppenansammlungen an
der preußischen und polnischen Grenze in Zusammenhang
standen. Der Verkehr mit dem Hinterlande wurde durch
den erbärmlichen Zustand der öffentlichen Wege gehemmt
und war so kümmerlicher Natur, daß es in der zweiten
Stadt des Landes kein einziges Gasthaus gab. „Fremde"
wurden von den Bürgern beherbergt, Fuhrleute mußten

in den vorstädtischen Krügen ein Unterkommen suchen.
Ueber die Erhaltung der überkommenen Zustände hinaus-
zustreben konnte Niemand in den Sinn kommen, weil
alle Mittel zur Weiterentwicklung zu fehlen schienen.

Der Einfluß dieser wirthschaftlichen Stockungen auf
das geistige Leben erräth sich von selbst. Die zu Ende
des 17. Jahrhunderts nach Pernau verlegte Universität
war im Jammer des nordischen Krieges zu Grunde gegangen, die Stadtschule zu einer dreiclassigen Trivialschule
herabgesunken, die Zahl der gebildeten Leute auf einen
engen Kreis beschränkt, dessen Mittelpunkte die drei Orts-
prediger, der Schulrector, der Physicus und ein paar
studirte Beamte bildeten, unter denen der Justizbürger-
meister und der Stadtsecretär die vornehmsten waren.
Nur mit äußerster Anstrengung konnte das alte Magi-
strats-Collegium zusammengehalten werden, das wegen
des Mangels an „geschickten Subjecten“ fast niemals voll-
zählig wurde und dessen bürgerliche Mitglieder sich mit
einem Jahresgehalt von fünfzig Thalern begnügen mußten.

So waren die Verhältnisse beschaffen, von denen
mein Großvater und seine Geschwister die ersten Eindrücke des Lebens empfingen. Man lebte auf den
Trümmern einer vergangenen Zeit, ohne dieselben zu
einem den Zeitbedürfnissen entsprechenden Neubau zu-
sammenfügen zu können. Die Hauptspielplätze der Kinder
des urgroßväterlichen Hauses bildeten die sechzig leeren

Feuerstellen, welche an den „großen Krieg" erinnerten; inmitten der Stadt ragte noch das mächtige Viereck des ehemaligen Universitätsgebäudes jener Gustaviana Carolina empor, die von 1690—1710 der flüchtigen Dorpater Hochschule zur Zufluchtsstätte gedient hatte und von der Noth der Zeit in den ziemlich „wandelbar" gewordenen Kornspeicher verwandelt worden war, dessen Hupel in seiner „Topographie" gedenkt. Noch getreulicher und vollständiger als diese Bauten hatten sich die Lebensformen der Schwedenzeit, die alte Verfassung und die grün uni= formirten Bürgergardisten erhalten, die gelegentlich auf den Wällen der kleinen Festung Dienste thaten und auf die leibeigenen (damals noch nicht militärpflichtigen), esthnischen Bauern gerade so vornehm herabsahen, wie ihre von Carl XI. und Carl XII. mißhandelten Väter gethan hatten. Auch von ihnen galt, was Hupel der Gesammtheit seiner dem Gewerbe angehörigen deutschen Landsleute zum Vorwurf macht. „Jeder Deutsche, sei er als Handwerker auch noch so arm und gering, zeigt gegen den Bauern, der ihn Herr nennen muß, einen lächerlichen Stolz. Dieser und die strafbare Verschwendung in Kleidern und übrigem Aufwande, zu dem sich noch Faulheit gesellt, sind herrschende Thorheiten: sonst würden alle unsere Handwerker reich sein, weil ihre Arbeit oft fünfmal theurer als in Sachsen bezahlt wird und die Mundbedürfnisse und Producte hingegen sehr wohlfeil sind."

Erzählungen e. Großv. 2

Von Pernau und den Pernauer Zeiten war bei
meinem Großvater und dem Großonkel übrigens nur
selten die Rede: Der Onkel und sein Bruder Liborius
waren nach damaligem Brauch schon als Kinder in die
Chevaliergarde „eingeschrieben" und der Heimath frühe
entfremdet worden, während den Großvater das Geschick
für die erwähnte Arensburger Mädchenstube bestimmte.

Daß man einen Knaben ausschließlich in der Ge=
sellschaft kleiner Mädchen erziehen und mit diesen nähen
und stricken lernen ließ, weist auf einen erheblichen Unter=
schied zwischen damaligen und heutigen pädagogischen
Anschauungen hin. Die Summe der ersteren war der
einfache Grundsatz, daß Kinder „kurz gehalten werden
müßten, wenn sie gedeihen sollten" und nach diesem Grund=
satz verfuhr die in dem Hause ihres Arensburger Schwieger=
sohnes lebende Urgroßmutter, deren specieller Obhut mein
Großvater anvertraut worden war. Die alte Dame ver=
langte, daß ihr Enkel bereits früh Morgens wohl frisirt
und mit frisch geflochtenem Zöpfchen bei ihr erschien, daß
er regelmäßig über das in der Unterrichtsstunde Erlernte
Rechenschaft ablegte, Mittags nicht nur seine Mahlzeit,
sondern auch die derselben beigegebene große Brodportion
(„Brod ist gesund und macht, daß die Kinder tüchtig
wachsen") verzehrte, den Mund nicht aufthat solange er
nicht gefragt wurde und daß er frühmorgens bei der
Talgkerze die Zeitung vorlas, — wenn eines der in

Arensburg anlaufenden Schiffe oder das festländische Fähr=
boot eine solche mitgebracht hatte. Ob diese Zeitung die
neubegründete „Rigasche" oder das deutsche Weltblatt des
18. Jahrhunderts, „der Hamburgische unparteiische Corre=
spondent von Staats= und Gelehrten Sachen" war, weiß
ich nicht mehr anzugeben — von dieser matinalen Zeitungs=
lectüre und der großen Rolle, welche dieselbe in dem bis
dazu höchst unpolitisch gebliebenen und seit dem großen
herrenhutischen „Gnadenperiodus" der fünfziger Jahre
durch fremde Einflüsse nicht mehr berührten Oesel spielte,
erzählte mein Großvater mit besonderer Vorliebe. Oesel
hat von jeher zu den mindest begünstigten Theilen des
baltischen Landes gehört, — während der letzten dreißig
Jahre des vorigen Jahrhunderts waren seine öffentlichen
Zustände tief unter das Niveau derjenigen des livländischen
Festlandes gesunken. Alle uns überkommenen Zeugnisse
stimmen darin überein, daß die Leibeigenschaft nirgend
härter und thörichter gehandhabt worden, wie auf diesem
einsamen Eiland, das ein von dem übrigen Livland völlig
gesondertes Dasein führte. Waren die Zeiten auch vor=
über, in denen die regelmäßige Besetzung der ländlichen
Pfarrstellen wegen „des Mangels derer Subjecte und Ab=
sterbens der Bauernschaft in großer Quantität" in Stocken
gekommen war und wo die Fürsorge für die geistliche
und geistige Förderung des Landvolkes ausschließlich in
den Händen der zuerst hochgefeierten, dann rücksichtslos
2*

verfolgten herrenhutischen Sendboten gelegen hatte, so
stand doch fest, daß die die örtliche Adelsmatrikel bildenden
zwei Dutzend ritterschaftlicher Familien, welche das Leben
der Insel souverain beherrschten, allen Gedenken an eine
Besserung der ländlichen Zustände fern standen, als das
feste Land dieselben für seine Hauptsorge anzusehen begonnen hatte. Wenigstens zum Theil hing das damit
zusammen, daß es in Oesel nur einen (gewöhnlich einen
den einheimischen Adelsfamilien entnommenen) höheren
Staatsbeamten, den sogenannten „Statthalter" (Domainen-
Inspector) gab, und daß der Zusammenhang mit den
Rigaer Justiz- und Verwaltungsbehörden ein bloß nomi-
neller war. Nur wenn es die Entscheidung größerer,
bei dem livländischen Hofgerichte anhängiger Processe
galt, hatte der Oesulaner zu einer Reise nach Riga Veranlassung, alle im gewöhnlichen Lauf der Dinge liegenden
Geschäfte wurden von den Behörden der Insel (dem
Landraths-Collegium, Landgericht, Consistorium und Arensburger Stadtmagistrat) erledigt, ohne daß eine Mitwirkung
der Rigaer höheren Instanzen auch nur in Frage kam.
Die Folgen dieser Isolirung Oesels und seiner wenig
zahlreichen und zumeist verarmten deutschen Bevölkerung
können drastischer nicht geschildert werden, als durch die
nachstehenden Sätze geschehen ist, in welchen der alte
Hupel die Inselbewohner gegen die landläufigen „Vor-
urtheile" der festländischen Livländer in Schutz nimmt:

„Die beleidigende Erdichtung von der vorgegebenen, bei den dortigen Bewohnern weniger bemerkbaren Leb= haftigkeit des Witzes, verdient Verachtung und fällt von selbst dahin. Kluge und Einfältige findet man auch auf dem festen Lande. Ein Oesulaner, der bei seinem Leben zum ersten Male die Insel verläßt, bemerkt freilich in Riga und Reval manche vorher nicht gesehene Gegen= stände und eben das hat vermuthlich etliche Erzählungen veranlaßt; aber man wird keinen nennen können, der sich durch ein läppisches Anstaunen dem Gelächter ausgesetzt hätte. Nein, wirklich offene und gut denkende Köpfe, angesehene Männer hat die Insel hervorgebracht. — Den Winter bringt ein großer Theil des dortigen Adels in Reval oder in Riga zu (NB. an einer andern Stelle wird das Gegentheil behauptet); man lebt sehr umgänglich, in adeligen Häusern artig (nur etliche wenige ausgenommen, wo noch eine alte ungekünstelte Lebensweise herrscht, die auch auf dem festen Lande nicht eben unerhört ist). Das Frauenzimmer von Stand richtet seine Aufmerksamkeit so gut als alle Livländerinnen auf die neuesten Moden, welche man aus Reval erhält; man liebt die Ausfahrten und Besuche."

Arensburg, die Hauptstadt dieser kleinen Welt, welche während der Herbst= und Frühjahrsmonate vollständig, während der übrigen Zeiten zumeist auf sich selbst ange= wiesen war, befand sich zu der Zeit, welche mein Groß= vater in dieser Stadt zubrachte, in besonders bedrängten

Verhältnissen. Gleich der Mehrzahl livländischer Städte
war dieser zu allen Zeiten gleich unbedeutende Ort
während des nordischen Krieges (im Jahre 1710 durch
von dem bekannten General Bauer ausgesendete Kosaken)
vollständig zerstört, dann mühsam wieder aufgebaut und
nach einem weiteren Menschenalter durch eine große Feuers-
brunst abermals schwer geschädigt worden. Am 25. Mai
1773 hatte ein plötzlich ausgebrochenes Feuer drei und
dreißig Häuser in Asche gelegt und der Stadt einen
Schaden zugefügt, dessen Ausgleichung mindestens ein
Jahrzehnt in Anspruch nahm. Noch empfindlicher aber
war der Rückgang des Arensburger Seehandels gewesen,
der mit dieser Prüfungszeit zusammenfiel. Zu Anfang
der sechziger Jahre hatte die Zahl der jährlich im Arensburger Hafen ankernden Schiffe 30—40 betragen, wenig
später sank sie auf neun und bei dieser niedrigen Ziffer
(die nicht einmal alljährlich erreicht wurde) behielt es
Jahrzehnte lang sein trauriges Bewenden. Dem Topo-
graphen Hupel wurde im Jahre 1782 darüber Folgendes
gemeldet:

„Seit einigen Jahren wird viel Korn nach Pernau
und Reval verführt, wo der Adel bessere Preise findet
und seine Bedürfnisse ankauft. Dadurch fällt der Handel
der Stadt, wohin jährlich sechs bis zehn Schiffe kommen.
Sie müssen aber auf der Rhede, welche bei großen Stürmen
gefährlich ist und der große Kessel genannt wird, eine

Meile vor der Stadt bleiben und daselbst aus- und eingeladen werden, weil der sogenannte Hafen jetzt nur für
Prahmen schiffbar, doch vermuthlich vormals tiefer gewesen ist. Vormals hat man hier reiche Kaufleute gefunden, deren Namen noch jetzt bekannt und von deren
Nachkommen einige geadelt sind."

Von der moralischen Wirkung, welche die großen
Weltereignisse der achtziger und neunziger Jahre auf die
Bewohner des abgelegensten Theils der abgelegensten
Stätte altväterischer deutscher Bildung geübt haben, kann
unser in so ganz abweichenden Verhältnissen emporge-
kommenes, von Kindesbeinen an tiefgreifende Veränderungen gewöhntes Geschlecht sich schwerlich eine auch nur
annähernde Vorstellung machen. Gegenüber der Generation, welche die Ereignisse der französischen Revolution
bei vorgeschrittenen Jahren erlebt und dieselbe mit ihrer Auffassung von Welt und Leben nicht mehr in Zusammenhang zu
bringen vermocht hatte, fühlte selbst der alte im Jahre 1779
geborne Großvater sich als der Sohn der neueren Zeit.
Der erste große Eindruck, den er in seiner Kindheit und
von der mit der Urgroßmutter betriebenen Zeitungs-
lectüre empfangen hatte, war die Theilnahme gewesen,
welche die von ihm abbuchstabirte Nachricht von dem Tode
Friedrichs des Großen der Alten eingeflößt hatte. Was
aber bedeutete diese Botschaft im Vergleich zu den uner-
hörten Neuigkeiten der folgenden Jahre? Lebhaft wußte

er das Entsetzen zu schildern, mit welchem seine ergraute
Großmutter von den Lippen des vierzehnjährigen Knaben
die Kunde vernahm, daß Se. Majestät der allergnädigste
König von Frankreich und Navarra mit einem abscheu=
lichen neumodischen Instrument, der Guillotine, vom Leben
zum Tode gebracht worden sei und daß der entmenschte
Pöbel dieser Blutthat freventlich zugejauchzt habe. „Was
es mit der Sache eigentlich auf sich gehabt", so schaltete
der Großvater ein, wenn er an dieses Capitel kam, „habe
ich erst mehrere Jahre später erfahren, als mir und
meinen Kameraden Anno 1797 in einem Leipziger Kaffee=
hause ein enragirter Jacobiner begegnete, der nach der
zweiten Flasche Burgunder, die wir ihm vorgesetzt, von
der „Journée de la Bastille" zu erzählen und schließlich
die Marseillaise zu singen begann. Bei dem Verse:
„Amour sacré de la patrie" warf der tolle Kerl sich auf
die Knie, um diese Strophe in der seiner Meinung nach
allein passenden Positur abzubrüllen*)."

---

*) Erwähnt darf bei dieser Gelegenheit werden, daß mehrere
unserer Landsleute als Zöglinge des damals hochberühmten, von
dem Dichter Pfeffel geleiteten Kolmarer Instituts Zeugen der ersten
Ausschreitungen des Revolutionsgeistes gewesen sind. Um sich und
seine Schüler vor dem Verdacht contrerevolutionärer Gesinnung zu
sichern, hatte der alte Fabeldichter mit seiner Schule mehrere re=
publikanische Festlichkeiten mitmachen und um den sogenannten
Freiheitsbaum tanzen müssen. Unter den Theilnehmern dieser

Mein Großvater war Nichts weniger als republikanisch
gesinnt, im Gegentheil Allem, was nach Revolution und
politischer Ideologie schmeckte herzlich abgeneigt: bei allem
Abscheu vor den Gräueln der Schreckenszeit und des
Jacobinerthums unterließ er aber nicht darauf hinzuweisen,
daß jene erschrecklichen Ereignisse nur von denen richtig
beurtheilt werden könnten, welche die tiefe moralische Ver=
worfenheit, den grenzenlosen Hochmuth und die Unver=
besserlichkeit der Träger des ancien régime genauer ge=
kannt hätten. Als ich vor einigen Jahren in dem letzten
Bande der Freytagschen „Bilder aus der deutschen Ver=
gangenheit" die Schilderung des Treibens der franzö=
sischen Emigranten im Rheingau las, tauchte mir die Er=
innerung an ein Gespräch auf, das ich meinen Groß=
vater an einem Maimorgen des Jahres 1852 mit meinen
Eltern führen hörte und in welchem er ausführte, daß
die teuflischen Grausamkeiten der Couthon, Carrier, Lebon
u. s. w. nur im Zusammenhang mit den entsetzlichen Zu=
ständen des alten Frankreich und der durch dieselben
erzeugten moralischen Verwilderung verstanden werden
könnten. Schließlich sei es für Frankreich und für die
Menschheit doch ein Glück gewesen, daß ein so entsetz=
liches Beispiel statuirt, die Führerschaft einer so hoffnungslos

---

Ceremonie befand sich ein im Jahre 1854 als Landrath verstorbener
livländischer Edelmann.

verderbten Aristokratie aus der Welt geschafft worden
sei. — So hätten (wie er hinzufügte) viele mit den
französischen Verhältnissen genau bekannte Zeitgenossen
geurtheilt, die im Uebrigen schlechterdings nicht Anhänger
der Revolution und der „neuen Ideen" gewesen seien.
Weiter als bis zu der erfreulichen Kunde, daß der
Haupturheber des „Königsmordes" und der übrigen Re-
volutionsgräuel, der aus Arras gebürtige abscheuliche
Advocat Maximilian Robespierre, schließlich von demselben Geschick ereilt worden sei, das er so vielen Un-
schuldigen bereitet, scheinen Urgroßmutter und Großvater
mit ihren Zeitungsstudien nicht gediehen zu sein. Die Eltern
meines Ahnherrn hielten für geboten, den in der Mädchenstube aufgewachsenen Knaben für die gelehrte Laufbahn
vorzubereiten. Da das in Oesel nicht wohl möglich war
und da sie zu der bedeutendsten Gelehrtenschule des Landes,
der Rigaer Domschule kein rechtes Vertrauen hegen mochten,
ließen sie den ihnen halb entfremdeten Knaben nach Hause
kommen, um ihn bald darauf in Gesellschaft eines jüngeren
Bruders nach Königsberg auf das berühmte Collegium
Fridericianum zu senden. Es hing das vielleicht damit
zusammen, daß des hochverehrten Lindner Nachfolger im
Rectorat der Domschule, Schlegel und Snell bei der
Rigaer Gesellschaft ihrer Zeit wenig beliebt waren.
Schlegel (den Berens in einem seiner Briefe „kriechend,
dumm und eigensinnig" schilt) machte man zum Vorwurf,

daß er Herder nicht zu fesseln gewußt habe und gegen
Snell, (der während der Kindheit meines Großvaters
amtirte) wurden neben den pädagogischen auch moralische
Bedenken geltend gemacht; thatsächlich war die weiland
hochberühmte Anstalt unter seiner Leitung erheblich zurück=
gegangen. — Genug, mein Großvater und sein Bruder
sollten den Abschluß ihrer Gymnasialbildung in Königs=
berg absolviren. Ein wegen seiner Solidität bekannter
Königsberger Fuhrmann, der seit Jahren den Verkehr
zwischen Riga, den herzoglich kurländischen Städten und
der altpreußischen Metropole vermittelte, lud die beiden
Knaben in seinen ungeheuren Planwagen, um sie nach
acht= oder zehntägiger Reise und zahlreichen in den vor=
trefflichen kurischen und ostpreußischen „Krügen" abge=
haltenen Nachtquartieren richtig in dem Collegium abzu=
liefern, dem sie während der folgenden Jahre ihres Lebens
angehörten und in welchem sie eine nicht ganz unbe=
deutende Zahl von Landsleuten und noch zahlreichere
junge Kurländer vorfanden.

Es muß sich das im Herbst 1794 oder im Frühjahr
1795 zugetragen haben.

# III.

# Das Collegium Fridericianum in Königsberg (1794—1796).

Während der 90er Jahre des vorigen Jahrhunderts scheint das im Jahre 1703 von König Friedrich I. von Preußen begründete Collegium Fridericianum sich in Liv- und Kurland eines sehr viel größeren Rufs erfreut zu haben wie in seiner nächsten Umgebung. Eine Aufzeichnung aus dem Jahre 1798 zählt das damals vom Kaiser Paul erlassene Verbot, Kinder russischer Unterthanen „ausländischen Erziehungsanstalten anzuvertrauen" unter die Hauptgründe des Rückganges des seiner Zeit berühmt gewesenen Instituts. Dieser Rückgang datirte bereits vom Jahre 1765, dem Todesjahre des Inspectors Schiffert, der neben dem zwei Jahre zuvor verstorbenen Director Franz Albert Schulz aus Neustettin den europäischen Ruf des Fridericianum begründet, Zöglinge aus aller

Herren Länder herangezogen und u. A. Kant zum
Schüler gehabt hatte. Beide Männer huldigten der von
Spener und Francke begründeteten pietistischen Richtung,
die als wohlthätige Reaction gegen die Strenge und Ein=
seitigkeit der erstarrten Orthodoxie des 17. Jahrhunderts
gerade auf pädagogischem Gebiete höchst segensreich wirkte
und insbesondere der maaßlosen und thörichten Strenge
steuerte, in der man früher die Summe aller Erziehungs=
weisheit gesehen hatte. Dafür daß die mildere pietistische
Schulpraxis mit Schwäche und Laxheit Nichts gemein
hatte, sondern im Gegentheil mit einer für unsere An=
schauungen unerträglichen Strenge gepaart war, dafür
liegen zahlreiche Zeugnisse vor; Kant, der dem Fridericianum während der Jahre 1732—1740 angehörte,
versicherte noch als alter Mann, „daß ihn jedes Mal
Schrecken und Bangigkeit überfiele, wenn er an die Ju=
gendsclaverei seines Schullebens zurückdächte", und der
etwa dreißig Jahre jüngere Baczko weiß Aehnliches zu
berichten. — Zur Zeit Schifferts und Schulz' bestand das
Collegium Fridericianum aus einer Lateinschule, mit der ein
von zwei „Inspectoren" geleitetes Pensionat verbunden war,
einer deutschen Schule und einer der Hauptschule affiliirten
Armenschule; im Jahre 1790 war diesen Anstalten noch
ein Schullehrer = Seminar hinzugefügt worden, — viel=
leicht um die Einnahmen des Instituts zu vermehren,
mit dem es beständig rückwärts ging und das wegen der

Unmöglichkeit, seine Lehrer gehörig zu besolden, schlecht=
bezahlte Studenten als Hilfslehrer heranziehen mußte.
Für die damaligen Gehaltsverhältnisse ist die e i n e Notiz
charakteristisch, „daß im Jahre 1786 der französische Lehrer
für e i n e n Thaler etwa 4, die übrigen Lehrer aber 18
bis 37 Stunden geben, falls nicht etwa der zweite Schreib=
lehrer noch mehr zu geben hat". Und dabei dauerte der
Unterricht alle 52 Wochen des Jahres, da es keine Ferien
gab und da der Unterricht nur „am Krönungstage, am
Geburtstage Sr. Majestät, bei dem Examen und in jeder
Hundstagswoche an einem Tage ausfiel; außerdem höchst
selten bei vorzüglich schönem Wetter oder bei sehr strenger
Kälte ein ganzer oder halber Tag". Pensionäre bezahl=
ten, je nachdem sie am ersten oder zweiten Tische oder
an der Tafel des Oberinspectors speisten, 82, 95 und
139 Thaler.

Wenige Jahre bevor mein Großvater und sein älterer
Bruder nach Königsberg kamen, im März 1793, waren
die Verhältnisse des Fridericianum neu geordnet, die
Gehalte aufgebessert, für die Inländer Abiturienten=
Prüfungen *) eingeführt und besondere „Realclassen"

---

*) Die Abiturienten=Prüfung ist eine preußische Erfindung, dazu
bestimmt, dem Unfuge zu steuern, daß conscriptionspflichtige, völlig
ungelehrte Bauernsöhne sich als Studenten einschreiben ließen, um
der mit dem akademischen Bürgerrecht verbundenen Freiheit vom
Militärdienst theilhaft zu werden. Das bezügliche Edict datirt vom
23. December 1788.

organisirt und neue Lehrpläne entworfen worden. Obgleich „die ganze Zeit, von 7 Uhr Morgens bis 4 Uhr Nach= mittags mit Unterbrechung der Stunde von 12—1 Uhr den Lehrgegenständen angehörte", mithin 48 Stunden in der Woche unterrichtet wurde, kamen in der Prima bloß vier Stunden wöchentlich auf das Griechische und wurde das für die Kenntniß dieser Sprache entscheidende Studium der Verben auf $\mu\iota$ erst in der Secunda begonnen; in den Realien (Geschichte, Geographie und Mathematik) scheint — trotz der erheblichen Anzahl von Stunden — noch weniger geleistet worden zu sein, denn ich erinnere mich, daß mein Großvater häufig davon sprach, daß Gymnasiasten ja eigentlich nur Latein lernten, und in allen übrigen Dingen Ignoranten zu sein pflegten. — Beiläufig bemerkt nimmt unter den neueren Sprachen das (privatim gelehrte) Polnische eine hervorragende Stelle ein. Die Rolle, die dasselbe namentlich in den älteren Lehrplänen spielte, erklärt sich aus der (ausdrück= lich erwähnten) großen Zahl polnischer Schüler.

Für den Rückgang des Fridericianum der Zeit meines Großvaters sprechen aber noch andere Umstände. In den Merlekerschen „Annalen des königl. Friedrichs= kollegiums" wird der Zeitabschnitt 1765—1810 als Periode des Sinkens bezeichnet und nur dazu erläuternd bemerkt, trotz des schwindenden Ansehens und Einflusses der Pietisten hätten sich die zur Zeit derselben getroffenen Einrichtungen

äußerlich erhalten, — innerlich seien sie zu einem tobten
Mechanismus herabgesunken. Das wird bestätigt durch
die Abnahme der Zahl der Pensionäre, die sich während
dieser Periode von durchschnittlich 60 auf bloße 10 und
14 verminderte, — durch die ungünstigen Urtheile der
Revisionscommissionen über den Zustand der Anstalt und
den Ausfall der Abiturienten = Prüfungen — durch die
temporäre Einziehung ganzer Classen der Armenschule
und endlich durch die wachsende Zahl der mit Lehrer=
functionen betrauten Studenten, die um so bedenklicher
erscheint, als die drei obersten Beamten des Instituts
(zu meines Großvaters Zeit der Director Oberhofprediger
Johann Ernst Schultz, Oberinspector Wald und Inspector
Thiel) zur Ertheilung von Unterricht nicht verpflichtet
waren. „Alles neigte sich am Ende des Jahrhunderts
zur Verflachung hin und mit der Verminderung der
Mittel der Anstalt zog sich der Unterricht in immer engere
Grenzen zurück."

Es mag mit der Unerquicklichkeit dieser Zustände zu=
sammengehangen haben, daß Großvater und Großonkel
bei der Erinnerung an ihre Königsberger Schuljahre
niemals ausführlicher verweilten; mein Großvater war
Zeit seines Lebens ein scharfer Beobachter und Kritiker,
der sich von der Neigung alter Leute, die laudatores
temporis acti zu spielen, durchaus frei hielt. Von der
Stadt Königsberg mag der in sein Internat eingesperrte

und dazu landfremde Knabe nur wenig zu sehen bekommen
haben und von dem Schul= und Pensionsleben jener Zeit
war Erhebliches wahrscheinlich nicht zu berichten. In der
That — was ließe sich Trostloseres denken, als eine von
warmen, gefühlsreichen Pietisten entworfene Schulordnung,
die von Anhängern des plattesten Vulgärrationalismus
gehandhabt wurde und deren zahlreiche Andachts= und
Betstunden wahre Muster von Langweiligkeit und Senti=
mentalität geworden waren. Bereits zwanzig Jahre vor
der Zeit meines Großvaters hatte das Fridericianum den
Stempel geistiger und gemütlicher Verkümmerung ge=
tragen. Was der alte Ludwig von Baczko über seine in
der Königsberger Anstalt verbrachten Lehrjahre, die
Pedanterie und Systemlosigkeit des Unterrichts, das
zwischen Schwäche und Härte*) schwankende Verhalten
der Lehrer und über die heimlichen Liederlichkeiten der
Schüler berichtet, macht den denkbar ungünstigsten Ein=
druck. Und während der langen Jahrzehnte, die zwischen
den Tagen Baczkos und denjenigen meines Großvaters
lagen, war es auch im Fridericianum — ebenso wie auf
nahezu allen Gebieten des damaligen Lebens in Preußen, —
nicht vorwärts, sondern rückwärts gegangen. Man lebte
in den Formen einer vergangenen Zeit, deren Inhalt
geschwunden war und zu deren Wiedergeburt es so

---

*) Das Trinken von Bier war zur Zeit des sonst höchst schwachen
Inspectors Dansien bei Strafe der „Auspeitschung" verboten.

Erzählungen e. Großv.　　　　3

gewaltiger Erschütterungen wie derjenigen der Napoleoni=
schen Kriegsjahre bedurfte. Ich darf erwähnen, daß mein
Großvater die ungünstigen Eindrücke, welche das alt=
preußische Wesen s e i n e r Zeit ihm zurückgelassen hatte,
nie ganz los geworden war.

Viele Jahre nach dem Tode des alten Herrn sind
mir ein paar Briefe in die Hände gefallen, die er als
Schüler des Collegiums seinen Eltern nach Riga ge=
schrieben. So weit meine Erinnerung reicht, enthielt
keiner derselben auch nur eine Spur einer Kritik der den
jungen Schüler umgebenden Verhältnisse. Das schloß
der tiefe Respect, den livländische Kinder jener Zeit vor
ihren Eltern empfanden, ein für alle Mal aus.

# IV.

## Jenaer Studentenleben (1797 und 1798).

Daß mein Großvater der im Königsberger Collegium Fridericianum verbrachten Jahre immer nur flüchtig,
gleichsam im Vorbeigehen gedachte, möchte ich vornehmlich
auf einen Umstand zurückführen: all' seine deutschen Erinnerungen flossen in eine beglückte und beglückende Re-
miniscenz, in das Gedächtniß seiner Studentenzeit, zusammen. Wenn das Zauberwort „Jena" genannt wurde,
nahmen die ernsten Züge des Großvaters einen jugend-
lichen, fast übermüthigen Ausdruck an, verklärte sich der
Glanz seines Auges, begann er mit einer sonst ungewohnten Lebhaftigkeit und Raschheit zu reden, ja zuweilen
durch eine eigenthümliche Handbewegung anzudeuten, daß
es Zeiten gegeben, in welchen seiner schöngeformten und
sorgfältig gepflegten Hand der Jenaer Stoßdegen ver-
trauter gewesen war, als die Feder, die er bis in das
höchste Alter hinauf mit der Eleganz eines Meisters führte.
Ein oder zwei Mal habe ich ihn gar das Bundeslied

3*

seiner akademischen Brüderschaft, des weiland hochbe=
rühmten Amicisten=Ordens, intoniren und die Anfangs=
worte desselben: „Als Schütze unter dem Baume saß"
vortragen hören.

Die Universität Jena stand während der neunziger
Jahre auf dem Höhepunkt ihres Glanzes, und ihrer wissen=
schaftlichen und studentischen Bedeutung. Unter den Lehrern
begegnen wir den gefeierten Namen Schiller, Loder,
Hufeland, Fichte, Griesbach, Schelling, Walch, — die
Zahl der Studenten hatte das erste Tausend hinter sich
und umfaßte junge Männer aus aller Herren Ländern:
selbst Ungarn, Siebenbürgen und das noch unter türkischem
Joch schmachtende Griechenland waren vertreten.

Mindestens zur Hälfte beruhte die Anziehungskraft
der berühmten Hochschule auf der nahezu schrankenlosen
Freiheit, die sie den akademischen Bürgern gewährte und
über deren Aufrechterhaltung die Jugend ängstlich wachte.
Wohl waren die neben den Landsmannschaften bestehenden,
der Rosenkreuzer=Gesellschaft nachgeahmten und seit dem
Jahre 1748 in die Mode gekommenen studentischen Orden
bei schwerer Strafe verboten, wohl sollten Duelle mit
Relegation, Ausweisung u. s. w. geahndet werden, wohl
wurden zeitweise auch Anläufe zur Unterdrückung und
Beschränkung der Landsmannschaften genommen: alle
Welt aber wußte, daß die Zahl der Landsmannschaften
zwölf, zu Zeiten gar fünfzehn betrug, daß die vier Orden

der Amicisten (Mosellaner), Constantisten, Unitisten und
Schwarzen Brüder die eigentliche Aristokratie der Stu=
dentenschaft bildeten und daß der Senior der letzteren
nicht der einzige Student war, der sich rühmen durfte,
fünfzig Male auf der Mensur gestanden zu haben. „So
wie Jemand in die Gesellschaft der Amicisten tritt" lautete
ein in den siebziger Jahren gefälltes Urtheil über diesen
Orden „sollte man ihn gleich nach Neu=Holland schaffen."
„Die Amicisten zeichnen sich noch immer durch eine fidele
Lebensart aus" berichtete derselbe Beobachter, als er zehn
Jahre später nach Jena kam. Gerade diese Verbindung
aber übte die stärkste Anziehungskraft aus und genoß des
größten Ansehens. Auf den Einfluß der Orden war es
zurückzuführen gewesen, daß der im Jahre 1792 unter
dem Einfluß der „französischen Ideen" und der Lectüre
Rousseau'scher Schriften unternommene Versuch, die Duelle
abzuschaffen und durch Ehrengerichte zu ersetzen, scheiterte
und daß auf diese philosophische Periode eine altburschi=
kose Reactionszeit folgte. Trotz verschiedener über sie
verhängter schwerer Strafgerichte erlebten die Orden grade
zu Ende des Jahrhunderts eine Nachblüthe, die ihnen das
Scepter des Jenaer akademischen Lebens in die Hand
legte. Man „wüthete" (um mit einem zeitgenössischen
Dichter zu reden) in des Lebens Lust hinein und für die
Tollsten und Wildesten galten unsere (um die berühmte
„weiße Fahne" geschaarten) Landsleute, auf welche die

Jenaer Universität während des gesammten 18. Jahr=
hunderts besondere Anziehungskraft geübt zu haben scheint.
So gefürchtet war die noch aus den Zeiten des mittelalter=
lichen Pennalismus herrührende Behandlung der Jenaer
Füchse, daß meine vorsichtigen Urgroßeltern ihren Sohn
für einige Tage in Königsberg immatriculiren ließen, damit
der junge Herr an der Saale nicht als „Crasser" aufzu=
treten brauchte. Ob das viel geholfen hat, weiß ich nicht,
— die damaligen Livländer fürchteten sich vor Nichts,
weil sie sich gefürchtet wußten. „Eingerechnet die Kur=
länder", so pflegte mein Großvater zu erzählen, „waren wir
unserer 80 bis 90 und ich kann versichern, daß wir keine
üble Rolle spielten. Im Trinken thaten es uns die
Pommern zuvor (Johannes Arndt, ein Bruder des
Dichters, ließ sich allabendlich einen Korb mit 40 Kruken
Bier auffahren und ging nicht eher heim, als bis die=
selben geleert waren) — im Uebrigen aber hatten wir
keine Meister." An Zeugnissen für die Richtigkeit dieser
Behauptung fehlt es nicht; das Jahr 1798, in welchem
die in Deutschland studirenden Liv=, Est= und Kurländer
nach Hause berufen wurden, machte in der Jenaer Uni=
versitätsgeschichte Epoche und ist lange Zeit hindurch nicht
verwunden worden. Die damalige Position unserer in
Jena studirenden Landsleute aber gründete sich auf den kurz
vor der Studienzeit meines Großvaters (Juli 1792) statt=
gehabten berühmten „Auszug der Kinder Israel aus

Aegypten", den Ausmarsch der mit ihrem Rector über=
worfenen Studentenschaft, als dessen „Moses" ein Liv=
länder Dahl fungirt hatte. Dieser Auszug endete damit,
daß die Studenten ihren Willen durchsetzten und daß sie bei
ihrer, mit fliegenden Fahnen bewerkstelligten Rückkehr aus
dem Dorfe Nohra feierlich von Senat und Bürgerschaft
empfangen wurden (der stolze Schiller schloß sich von
diesem für seine Theilnehmer nicht eben ehrenvollen
Empfange aus). Heinrich Dahl, der in den Aufzeich=
nungen über dieses studentische Ereigniß viel= und ehren=
voll genannte Studentenführer „aus dem Lande der Liven"
(ein 1770 zu Goldenbeck in Estland geborener Predigers=
sohn), nahm einen traurigen Ausgang: unter Kaiser Paul
zum gemeinen Soldaten degradirt und als Feldjäger nach
Omsk geschickt, machte er im Jahre 1807 seinem Leben
freiwillig ein Ende. Während der Studienzeit meines
Großvaters scheint Dahl bereits in Vergessenheit gerathen
zu sein, für den Haupthelden des historisch gewordenen
Abenteuers von 1792 galt der später so ehrenvoll be=
kannt gewordene Rigasche Bürgermeister Hans Schwartz;
in den bezüglichen Acten wird dieser Name nirgend
genannt, sondern ohne Anführung anderer baltischer Namen
erzählt, die um den Generalissimus Dahl geschaarten Liv=
und Kurländer hätten die Führung des Aus= und Ein=
zuges gehabt. — Wahrscheinlich beruhte die Version
meines Großvaters auf einer Verwechslung: im Jahre

1795 war es zu einem zweiten schweren Conflict zwischen
Studentenschaft und bürgerlicher Obrigkeit gekommen und
möglicher Weise hatte Schwartz bei diesem eine Rolle gespielt.
Die Studenten (denen man Schuld gab, sie hätten die Residenz=
stadt Weimar erstürmen wollen) zogen 1795 übrigens den
Kürzeren. Damals wurde der „Tod der Jenaer Burschen=
freiheit" förmlich verkündet und durch den Abzug einer
großen Zahl von Studenten trauernd begangen, und der
Stadt zeitweise ein Stoß gegeben, damals das berühmte, nach
der Melodie: „An Wasserflüssen Babylons" gesungene Lied
gedichtet:

> „Es ist gewißlich an der Zeit
> Der Antichrist ist nahe,
> All' überall herrscht Herzeleid
> Wie es noch Niemand sahe."

Zwei Jahre später war dieses „Herzeleid" längst ver=
gessen und die angeblich verstorbene und begrabene Burschen=
freiheit vollständig in integrum restituirt. Der in Jena
studirenden Liv=, Est= und Kurländer waren mehr denn
je und sie trieben es genau wie ihre Vorgänger gethan
hatten.

Von den Freunden und Cumpanen meines Groß=
vaters sind einzelne in der Folge ehrenvoll bekannt ge=
worden: Dr. Hassing in St. Petersburg, Dr. Dumpf in
Fellin, Pastor Benjamin Bergmann von Rügen, der
Rigasche Superintendent Matthias Thiel und vor Allen

— Carl Petersen „der Dicke", auf den mein Großvater Zeit seines Lebens besondere Stücke hielt und der
schon als Jüngling für das Musterbild eines geistreichen,
liebenswürdigen und treuen Kameraden gegolten hatte.
Petersens berühmtes Preislied von 1795, das mit der
Strophe:

> Der alte Bursch, der semper idem bleibt,
> Mit sel'ger Ruhe Glas und Pfeife füllet;
> Der noch im Schiffbruch seine Suiten treibt,
> Bis heiser sich des Schicksals Donner brüllet

beginnt und das zum Schluß seinem Helden nachrühmt:

> Und wenn der Satan selbst die Betten führet,
> Legt er auf eb'ner Erde sich zur Ruh',
> Und deckt sich, wenn's den würd'gen Alten frieret,
> Gemüthlich mit der Kammerthüre zu —

dieses Preislied hat mein Großvater allerdings nicht mehr
entstehen und mit einer Flasche Champagner prämiiren
gesehen, — die meisten der in demselben gefeierten Helden-
thaten aber hatte er seiner Zeit mit ausführen helfen und
an sich erfahren, was es damit auf sich habe, „vor dem
versammelten Senate wie Catilina schnöde Reden zu führen"
und auf „neunundneunzig Jahre" relegirt zu werden.
Um ein Haar hätte der wilde Livländer die kurze Herr-
lichkeit dieser Glanzzeit seines Jugendlebens mit dem Leben
bezahlt. In dem Jena der neunziger Jahre ging man
(wie später zur Zeit der Burschenschaft) auf den „Stoß"
los und bei einer Partie solcher Art war mein Großvater
so schwer verwundet worden, daß man ihn für todt auf

den Sectionstisch des berühmten Anatomen Loder (des
späteren Moskauer Chirurgen) legte und daß ihn allein
eine gewaltsame Fingerbewegung davor rettete, lebendig
begraben zu werden. — Ein anderes, verwandtes, wenn
auch minder gefährliches Abenteuer war ihm in Leipzig
zugestoßen, wohin er mit einigen Landsleuten eine „Kunst=
und Ferienreise" unternommen hatte: ohne ein Duell mit
einem Leipziger konnte es der Natur der Sache nach nicht
abgehen, und da man in Leipzig nur auf den Hieb los=
ging und mein Großvater nach Jenenser Stoßfechter Art
mit der linken Hand vorfuhr, wurde diese ihm (zwischen
Zeige= und Mittelfinger) so tief aufgehauen, daß er Zeit
seines Lebens eine mächtige, bis zur Handwurzel reichende
Narbe aufzuweisen hatte.

Mir sind die großväterlichen Erzählungen von den
tollen Jenaer Tagen, da der mit Dreispitz, mächtiger
Pfeife, Kanonenstiefeln und wuchtigem Degen ausgerüstete
Student sein Jahrhundert in die Schranken fordern zu
können meinte, und seine Herrschaft über das Saalethal
von Professoren, Philistern und „Laubfröschen" (sächsischen
Landjägern) allen Ernstes als unumschränkt anerkannt
wurde, niemals zu lang geworden. Da es anderen Leuten
anders gehen kann und da es in der That „Eulen nach
Athen tragen" hieße, wenn man liv=, est= und kur=
ländischen Lesern tolle Studentenstücke erzählen wollte, so
mag es bei den vorstehend erzählten Abenteuern des

Jenaer Studenten der Jahre 1797 und 1798 sein Be=
wenden behalten. Anlangend die wissenschaftliche Ausbeute
dieser Zeit, pflegte mein] Großvater zu behaupten, dieselbe
habe sich auf die Früchte dreier im Carcer verbrachter
Studienwochen beschränkt — eine Angabe, die dem vor=
züglichen Juristen und feingebildeten Historiker weder von
mir noch von anderen Zuhörern recht geglaubt worden
ist. Ein Examen hatte mein Großvater allerdings nie=
mals zu bestehen nöthig gehabt, auch keine Collegienhefte
aus Jena mitgebracht, — die Stelle derselben vertrat ein
braun in Leder gebundenes Stammbuch, auf dessen ver=
gilbten Blättern die schwarz ausgeschnittenen Silhouetten
der alten Amicistenbrüder sammt darunter geschriebenen
(gewöhnlich Schillerschen) Versen und kraus verschlungenen
Namenszügen prangten. Unter den meisten dieser Namen
standen bereits vor 35 Jahren Kreuze mit der Angabe
des Todesjahres der Betreffenden und wenn das Auge
des Großvaters ein Mal auf diese Blätter fiel, pflegte
er die Lippen seines feingeschnittenen Mundes noch fester
als sonst auf einander zu pressen — und das Buch leise
zuzuklappen.

# V.

## Weimar und Jena zur Schiller- und Goethezeit.

So vollständig die phantastische Welt des alten vor=
burschenschaftlichen Jenaer Studententhums auch von der
wirklichen deutschen und thüringischen Welt geschieden war,
und so buchstäblich es genommen werden mußte, wenn
mein Großvater behauptete, während seiner drei Studien=
semester an der Saale niemals in ein „Philisterium" (eine
Familie) gekommen zu sein — daß sie in der Stadt Schillers,
Fichtes und Humboldts und in der Nachbarschaft des
deutschen Athen lebten, wußten auch die wildesten Ami=
cisten ganz genau und an dem großen Interesse der Zeit,
dem Theater, nahmen sie eben so lebhaften Antheil wie
andere Leute.  Wenn in Weimar ein Schillersches oder
Goethesches Stück gegeben wurde, zogen mein Großvater
und die gebildeteren seiner Kameraden regelmäßig zu Fuß
den hohen Berg hinauf, über welchen die mit Pflaumen=
bäumen bepflanzte Chaussee in die herzogliche Residenz=
stadt führte; als man sich einmal verspätet zu haben

glaubte, wurde der Marsch in so unaufhaltsamem Sturm=
schritt genommen, daß der erst 17jährige, von der Hitze
erschöpfte livländische Fuchs ohnmächtig umsank und erst
wieder zum Bewußtsein kam, als seine mit ihm be=
ladenen Gefährten beim Einmarsch in die Stadt das
Lied: „Ça donc, ça donc, so leben wir, so leb'n wir alle
Tage" anstimmten. Daß die studentischen Ueberfluthungen
Weimars in dem Leben dieser sonst so friedlichen Stadt
eine ebenso große und turbulente Rolle spielten, wie in
dem Leben des eben damals von Goethe geleiteten Theaters,
ist bekannt. Meines Großvaters Schilderungen von diesen
Expeditionen stimmten wesentlich zu dem Bilde, das Lewes
in seinem bekannten Buche von denselben entwirft. „Ganz
bestaubt, in den verschiedensten phantastischen Trachten,
.... das Haar im reinsten Naturzustande von keinem
Kamme berührt .... ihre kurzen Röcke bunt gefüttert,
ihre Hosen von Leder, in der Hand die famose lange
Peitsche, — so strömten sie durch das Wehicht über die
Stadt, lärmend und tobend und schreckten den stillen Ort
mit einem Gebrüll, das sie Singen nannten." Als ein=
ziges rebellisches Element innerhalb des zahmen, nur all=
zu gefügigen Weimarer Theater=Publicums waren diese
wilden (durch eine Anordnung des strengen Directors vom
ersten Rang ausgeschlossenen und häufig mit „Hinausführen
durch die Husaren" bedrohten) Gäste aber doch von Be=
deutung. „Studenten sind von Natur und Stand kleine

Rebellen und die Jenenser Studenten hatten diese Neigung zu einem System ausgebildet. Machen lärmende Renommisterei, tiefe Verachtung gegen alle Philister und ein ungeheures Talent zum Biertrinken auch noch lange nicht seine Kunstrichter, so waren Jugend, Lebensfrische und Unabhängigkeit doch wesentliche Elemente für ein Theaterpublicum — und diese Eigenschaften hatten die Jenaer Studenten*).“

Ob ich gleich Schillers Räuber, Fiesko, Don Carlos, Wallenstein u. s. w. bereits zur Zeit meines Aufenthalts unter dem großväterlichen Dach zu studiren begonnen hatte, so waren meine Literaturkenntnisse doch zu bescheidener Natur, als daß ich über die Stücke, welche mein Großvater in Weimar zu sehen bekommen, Auskunft zu geben vermöchte. Erste Aufführungen von Werken Schillers und Goethes können es nicht gewesen sein.   Der Don Carlos**) war

---

*) Aus den Tagen, zu denen die Jenaer Studenten im Weimarer Hoftheater eine dominirende Rolle spielten, hat sich der Brauch erhalten, daß bei der Aufführung der Schiller'schen „Räuber“ das Lied „Ein freies Leben führen wir“ statt von den Darstellern von den anwesenden Studenten gesungen wird. Seit dem zweiten Jahrzent nehmen die Mitglieder der Burschenschaften dieses Recht als specielles Privilegium in Anspruch.

**) Seinen Prosa-Entwurf zum „Don Carlos“ hatte der Dichter dem Rigaer Stadttheater eingesandt. Die eigenhändig von ihm corrigirte Handschrift des Stückes wird auf der Rigaer Stadtbibliothek aufbewahrt.

bereits zehn Jahre früher erschienen, die Wallenstein=
Trilogie eben damals in der Entstehung begriffen und
Goethe während des Winters 1797/98 mit der Achilleïs
und mit Entwürfen zu einem Epos „Tell" beschäftigt,
der Verkehr zwischen den beiden Dichtern eben damals
ein besonders lebhafter. Das Jahr 1797 war das
„Balladenjahr" — im Frühjahr wie im Herbst desselben
hatte Goethe ganze Wochen in Jena zugebracht und
während des folgenden Frühjahrs und Sommers, wo er
den Faust wieder aufnahm, verweilte der von Schillers
Persönlichkeit immer mehr angezogene Dichter gleichfalls
längere Zeit in der Saalestadt.

Den im Vordergrunde des Interesses der Jugend
stehenden Dichter der „Räuber" und des „Don Carlos"
lesen zu hören, blieb den Commilitonen der Jahre 1797—98
versagt, da das schwarze Brett regelmäßig besagte, „der
Herr Professor Schiller werde seine Vorlesungen erst
wieder aufnehmen, wenn sein leidender Gesundheitszustand
es erlaube". Schiller lebte damals in dem jenseit des
Leutrabachs, an der Sternwarte belegenen Gartenhause;
in dem heute durch eine Danneckersche Büste und einen
mächtigen Granitblock geschmückten Garten dieses Häus=
chens sah man ihn häufig, die Pfeife in der Hand, spazieren
gehen, und mein Großvater pflegte zu sagen, daß unter
sämmtlichen, ihm bekannt gewordenen Bildnissen des großen
Dichters die bekannte Zeichnung „Schiller auf einem

Esel reitend", das ähnlichste sei. Der, alte Wieland muß
zu jener Zeit schon ins Hintertreffen gerathen sein, —
ich kann mich nicht erinnern, daß jemals auf ihn die Rede
gekommen wäre. Der Herr General=Superintendent Herder
war den in Jena studirenden Livländern vornehmlich als
ehemaliger Rigascher Prediger und als Freund der Fa=
milien Berens, Zuckerbäcker und Schwartz von Interesse.
Daß der unvergeßliche Carl August

> ("Unser Herzog Carl Augustus
> Hat den allerbesten Gustus")

ein häufiger Besucher Jenas war und daß die Studenten
ihn häufig an dem Fenster seines „Freundes", des Hof=
apothekers, rauchend dasitzen sahen, versteht sich ebenso
von selbst, wie daß jedes Kind des Herrn Geheimrath und
Staatsminister von Goethe Excellenz kannte. Mit nahe=
zu allen hervorragenden Universitätslehrern stand der
Mann „der in seinem Leben täglich einen Quartband ge=
lesen" in regem Verkehr. Wenn der Anatom Loder seine
Vorlesungen über Bänderlehre hielt, so wanderte der
fünfzigjährige erste Minister Weimars „mit einer Lern=
begierde, um welche die Jugend ihn hätte beneiden mögen,
am frühen Morgen durch den Schnee" in das Ana=
tomicum und als Göttling mit der Entdeckung hervor=
getreten war, daß Phosphor auch im Stickstoff brennbar
sei, warf der Unermüdliche sich auf das Studium der Chemie.
Im Sommer 1797 verbrachte Alexander v. Humboldt

drei Monate in Jena, wo Goethe ihn mindestens
wöchentlich aufsuchte, um mit dem schon damals berühmten
Naturforscher sein Lieblingsstudium, die vergleichende Ana-
tomie zu treiben; von 1796 bis 1797 hatte sich auch
Wilhelm v. Humboldt in Jena niedergelassen und wurden
die Beziehungen zwischen ihm und den beiden Dioskuren
nie unterbrochen — Goethe war in Jena gerade eben so
heimisch, wie in Weimar.

Mein Großvater sprach gern davon, daß er all' diese
Männer wenigstens von Angesicht gekannt und daß ihm
das für einen Studenten unerhörte Glück zu Theil geworden war, mit dem gefeiertsten Deutschen seiner Zeit
ein Mal ein paar Worte wechseln zu dürfen. Da er diesen
Vorgang häufig erzählt hat, darf ich den Versuch machen,
seinen bezüglichen Bericht ipsissimis verbis wiederzugeben:

„In einer lauen Mainacht hatten wir auf einem
unserer Bierdörfer dem edlen Cerevis länger als üblich
und reichlicher als nöthig zugesprochen. Da ich mich er-
müdet fühlte, legte ich mich unweit der Weimarer Chaussee
im Rasen zur Ruhe. Früh Morgens — meine Uhr hatte
schon seit einiger Zeit ein auswärtiges Unterkommen gesucht und gefunden, — wurde ich dadurch geweckt, daß
mich Jemand am Arm rüttelte. Vor mir stand ein statt-
licher, mit einem langen Oberrock bekleideter Herr, der
mich fragte, wer ich sei und wie ich dazu käme, im kühlen
Morgenthau auf bloßer Erde zu schlafen. Als ich mit

studentischer Keckheit zur Antwort gab, daß ich mich Stu=
birens halber in Jena aufhielte und daß es meine Ge=
wohnheit sei, gelegentlich im Freien zu campiren, gab der
Herr mir zur Antwort: „Junger Mann, da thun Sie Un=
recht, — denken Sie an Ihre Eltern und schonen Sie
Ihre Gesundheit." Und damit stieg er in einen, neben
ihm stehenden, mit zwei Pferden bespannten Wagen und
fuhr in die Stadt hinein. Goethe war in der Frühe
nach Jena hinübergefahren, um sich nach
Schillers Befinden zu erkundigen — von ihm
war ich geweckt worden und mit ihm hatte ich
gesprochen! — Gesehen habe ich ihn später noch häufig,
wenn er Professor Loder, seinen Freund, den Buch=
händler Frommann, die Humboldts oder den kranken
Schiller besuchte, — gesprochen habe ich ihn nur dieses
eine Mal. — Du kannst Dir das merken, Junge!"

Mit der Jenaer Burschenherrlichkeit der in dem
Jahre 1798 studirenden Liv=, Est= und Kurländer nahm
es ein trauriges und plötzliches Ende. Die Gründe, aus
denen die in Jena und auf anderen deutschen Universitäten
studirenden Landsleute ihre Lehrzeit plötzlich unterbrechen
und vor Beendigung derselben in die Heimath zurück=
kehren mußten, sind bekannt. Ein durch die Ereignisse
in dem republikanischen Frankreich und dem republikanisirten
Rheingau veranlaßter, von Kaiser Paul im Jahre 1798
erlassener Befehl traf die Anordnung, „daß sämmtliche in

fremden Ländern studirende russische Unterthanen binnen
zwei Monaten zurückkehren, sich im Nichtbefolgungsfalle aber
der Einziehung ihres Vermögens gewärtigen sollten." Von
den Vielen, welche durch diese Maßregel betroffen wurden,
mögen nur Wenige geahnt haben, daß dieselbe erheblich
dazu beitragen werde, einen lange gehegten sehnlichen
Wunsch ihres Vaterlandes der Erfüllung entgegen zu
führen. Kaiser Paul, der Wiederhersteller der alten Ver=
fassung unseres Landes, nahm seit der Zurückberufung
der im Auslande studirenden Liv=, Est= und Kurländer
die Sache der Erneuerung der in den Wirren des nordischen
Krieges zu Grunde gegangenen Universität Dorpat mit
verdoppeltem Eifer in die Hand, um seinen baltischen
Unterthanen am heimischen Herde dieselben Bildungsquellen
zu erschließen, die sie bis dahin jenseits der Landesgrenze
hatten aufsuchen müssen. Alle mit dem früheren Zu=
stande verbundenen und namentlich in dem damaligen
Kurland für überwiegend angesehenen Vortheile wurden
dadurch aufgewogen, daß der Segen höherer wissenschaft=
licher Bildung seit dem Jahre 1802 auch den Unbe=
mittelten zugänglich wurde und daß die drei Provinzen
sechs Jahre nach ihrer Wiedervereinigung unter das nämliche
Scepter ein Centrum ihrer gemeinsamen Interessen erhielten.

Die Wiederherstellung der Dorpater Hochschule war
von langer Hand vorbereitet, aber immer wieder hinaus=
geschoben worden. Der vierte der bei der Unterwerfung

4 *

Livlands unter das russische Scepter festgesetzten Accord=
punkte vom 29. Juni 1710 hatte vorgeschrieben:

„Die Universität in Lieflandt, weiln sie mit
zu reichlichem Einkommen und Gütern fondiret
ist, wird beybehalten und alle Zeit mit tüchtigen
professoren der Evangelisch=lutherischen Reli=
gion zugethan, besetzt, auch zur Commoditet
der Adlichen Jugendt mit Sprachen= und Exer=
citien=Meistern versehen,"

und Peter der Große hatte in seiner Resolution vom
12. October 1710 bestätigend hinzugefügt:

„Betreffend das Gesuch um die hohe Schule
in Pernau in gutem Stande zu erhalten, con=
cediren Se. Czarische Majestät dero getreuer
Ritterschaft allergnädigst, daß sie mit dem Ober=
consistorio geschickte professores benennen und
vorschlagen möge; Als denn Se. Majestät für
deren Vocation dermaßen sorgen wollen, daß
die Universität wohl besetzt und versehen sei.
Wie denn an derer völliger und zureichlicher
Einrichtung und Unterhalt Se. Czarische Majestät
Nichts wollen mangeln lassen. Dabei aber be=
halten sie sich vor einen besondern professorem
bei der Universität bestellen zu lassen, welcher
in der slavonischen Sprache profitiren und die=
selbe alldorten mitintroduciren könnte."

An die Erfüllung dieses Versprechens hatten die
Ritterschaften Liv- und Estlandes und die Städte wiederholt gemahnt, wegen der kriegerischen und schwierigen
Verhältnisse, welche fast das gesammte 18. Jahrhundert
über fortdauerten, aber immer wieder Geduld üben müssen.
Besonders nachdrücklich war die wichtige Angelegenheit
während der sechziger Jahre durch den berühmten Patrioten
und Bauernfreund Carl Friedrich Schoultz von Ascheraden
betrieben worden, — während der ersten schweren Zeiten
der Statthalterschaft hatte sie vollständig geruht, 1792
war ein neuer Anlauf genommen, aber erst sechs Jahre
später (eben zur Zeit der Zurückberufung der in Deutschland studirenden Liv-, Est- und Kurländer) eine aus Repräsentanten der drei Ritterschaften niedergesetzte „Central-
Commission" zur Förderung der Universitätssache niedergesetzt worden. Es ist bekannt, daß die bezüglichen Verhandlungen mehrere Jahre dauerten, daß es zu heftigen
Streitigkeiten über den Sitz der neuen Akademie kam,
daß Kurland sich nach Zurückweisung der Ansprüche
Mitaus im Jahre 1802 vollständig zurückzog und daß
die Sache erst nach dem Tode Kaiser Pauls, im April
des Jahres 1802 zur Ausführung kam. Mit gutem
Grunde datirte mein Großvater — ob er gleich ein gewisses Mißtrauen gegen die wissenschaftliche Parität
Dorpats mit den deutschen Hochschulen nie loswerden konnte,
— von der Wiederherstellung unserer Landesuniversität

eine neue Zeit, deren Söhne er (auch als dieselben
Greise geworden waren) im Gegensatz zu seinen Com=
militonen als „die jüngeren Leute" bezeichnete. Zwischen
der alten und der neuen Generation aber lag das Ge=
schlecht, dessen entscheidende Bildungsjahre in die uni=
versitätslose Zeit (1798—1802) gefallen waren. Von
der Schwierigkeit dieser Epoche wird man sich eine Vor=
stellung machen können, wenn man in Betracht zieht,
daß die Petersburger Hochschule und die meisten übrigen
höheren Civillehranstalten der Newa = Residenz damals
noch nicht existirten, und daß das ferne Moskau (in welchem
es weder Vertreter der evangelischen Theologie, noch
Lehrer des baltischen Provinzialrechtes gab) für uner=
reichbar galt. Wißbegierige junge Leute halfen sich viel=
fach damit, daß sie bei angesehenen Rigaer Advocaten
Privatunterricht im Römischen Recht, dem gemeinen
Proceß und dem (wegen des Mangels aller literarischer
Hilfsmittel nahezu unzugänglichen) Provinzialrecht nahmen.
— Manche dieser Privatstudenten, die er um die
Wende des Jahrhunderts in Riga mit der Collegien=
mappe gesehen, hat mein Großvater mir noch nam=
haft gemacht, — insbesondere den zu Anfang der fünf=
ziger Jahre verstorbenen würdigen und verdienstvollen
Landrath Gottlieb Baron Wolff, der sich durch Fleiß und
Eifer besonders ausgezeichnet hatte.

# VI.

## Livland unter der Statthalterschafts-Verfassung (1783—1796).

Bevor ich von der Heimkehr der Anno 1798 in ihren Studien unterbrochenen Landsleute und von den Zuständen berichte, die sie im Vaterlande vorfanden, wird es zweckmäßig sein, der dazwischen liegenden heimischen Vorgänge zu gedenken. Nur wenige Jahre war mein Großvater von dem Lande seiner Väter entfernt gewesen, und welche Fülle wichtiger Veränderungen hatte sich inzwischen zugetragen! Graf Browne, während der gesammten Regierungszeit der Kaiserin Katharina strenger und unumschränkter Gebieter über Riga und Livland, hatte im Jahre 1792 das Zeitliche gesegnet und in dem Fürsten Repnin (demselben, dem Garlieb Merkel seine 1796 erschienenen epochemachenden „Letten in Livland" widmete) einen Nachfolger erhalten, der sich der Besserung der Lage des Landvolkes mit Eifer annahm; mit dem Herzogthum Kurland war die Zollschranke bei St. Nikolai verschwunden, über welche Schmuggel zu treiben, auch „anständige Leute" nicht verschmäht hatten (mein Groß= vater pflegte zu erzählen, noch im letzten Jahre der herzog= lichen Zeit seien einer Gräfin M—y kostbare Spitzen von den Beinen abgewickelt worden), und am 28. November 1796 unmittelbar nach dem Tode der Kaiserin war die 13 Jahre zuvor eingeführte Statt= halterschafts=Ordnung abgeschafft, in Stadt und Land die alte Verfassung wiederhergestellt worden. Die überlebenden unter den bei Einführung der neuen „Städte= Ordnung" in den Ruhestand getretenen Rathsherren hatten die Genugthuung gehabt, die Wiederherstellung der alten Rechte des Senatus civitatis Rigensis von dem größten Theil ihrer Mitbürger freudig begrüßt zu sehen; Ver= waltung und Justiz kamen wieder in dieselben Hände, die Bursprake wurde am Sonntag nach Michaelis wieder in der gewohnten Weise verkündet und die in ihre alte Land= standschaft wiedereingesetzte Stadt von dem in den angestammten „Landmarschall" verwandelten ehemaligen Gouvernements=Adelsmarschall v. Gersdorf zu einer be= geisterten Landtagsadresse an den Monarchen eingeladen, der „den getreuen Livländern wiedergegeben, was ihnen mit Unrecht genommen worden war". Auch der Streit über den Verbleib der in das statthalterschaftliche adlige

Geschlechtsbuch aufgenommenen nicht=immatriculirten Fa=
milien war durch die v. Gersdorffsche fournée geschlichtet
und von dem Landtage des Jahres 1797 dahin ent=
schieden worden, daß sämmtliche in Livland besitzlich ge=
wordene nicht immatriculirte Edelleute (darunter zwei
Schwiegersöhne des Antragstellers von Gersdorf) in die
Ritterschaft aufgenommen werden sollten — ein Ausweg,
der dem gefährlichen, alten Streit zwischen Ritter= und
Landschaft (so wurde die Gesammtheit der Landsassen,
d. h. der nicht der Ritterschaft angehörigen Gutsbesitzer
damals genannt) wenigstens für einige Jahre die Spitze
abbrach *).

Bei diesen, während der Studienjahre meines Groß=
vaters stattgehabten Ereignissen einen Augenblick zu ver=
weilen lag für mich um so näher als der alte Herr bei
diesem Capitel unserer Landesgeschichte mit besonderer
Ausführlichkeit verweilte und — gegen seine sonstige Ge=
wohnheit, — häufig auf dasselbe zurückkam. Seine Meinung,
daß die während seiner Kindheit eingeführte Statthalterschafts=

---

*) Für das Verständniß auswärtiger Leser wird die Bemerkung
beitragen, daß zwischen den Mitgliedern der eingeborenen alten ritter=
schaftlichen Geschlechter und den im russischen Staatsdienst nobilitirten
Landeskindern, die in Livland Güter besaßen, ein vieljähriger Streit
obgewaltet hatte, dem die Einführung der russischen Statthalterschafts=
Ordnung dadurch ein Ende machte, daß sie die livländische Ritter=
schaft als solche aufhob und die „Matrikel" durch ein allgemeines
abliges Geschlechtsbuch der Provinz ersetzte.

Verfassung an und für sich gar nicht so übel gewesen sei und daß die Unpopularität derselben wesentlich durch die Brutalität verschuldet worden, deren der alte, „halbtolle" General=Gouverneur Browne sich bei ihrer Einführung und Handhabung schuldig machte, ist mir erst viele Jahre nach dem Tode des alten Herrn ver= ständlich geworden, als ich ähnlichen Urtheilen bei meh= reren unserer Schriftsteller, namentlich bei Merkel und C. G. Jochmann begegnete *). Einzelne besonders charakteristische Vorgänge aus der Zeit des Browneschen Regiments kannte ich aus den Erzählungen am groß= väterlichen Theetisch lange bevor sie durch die Veröffent= lichung der Neuendahlschen Chronik wieder ans Licht gezogen worden waren.

Graf Browne, den Merkel, Neuendahl und andere Zeitgenossen als „katholischen Schotten" bezeichnen, war von Geburt Irländer und bereits vier und sechzig Jahre

---

*) Seinem Freunde C. H. von Sengbusch in Riga schrieb Jochmann im Juli des Jahres 1821 aus Bern:

„An der Statthalterschafts=Verfassung habe ich immer haupt= sächlich nur einen Mangel zu bemerken vermocht, den daß sie zu gut war für die geistige Stufe des Volkes, dem sie von der Gesetz= geberin und ihrem Gehilfen dem Oberrichter Mansfield gegeben wurde. Daß selbst die aufgeklärteste Provinz sie nicht verstand, wissen Sie recht gut und was erst bei den andern! Man fängt ein Haus nicht bei der Bel=Etage zu bauen an."

Merkels Urtheil über Browne findet sich im ersten Bande der Darstellungen und Charakteristiken, p. 64 ff.

alt, als er General=Gouverneur von Riga und Livland
wurde. In einer harten und kriegerischen Zeit geboren
(im Jahre 1698) und emporgekommen, mehrere Jahre
lang als Kriegsgefangener in Constantinopel zu Sclaven=
arbeit verurtheilt, wegen einer schweren, bei Zorndorf
erlittenen Schädelwunde zu Zeiten unzurechnungsfähig
und wegen der Gunst, die er bei Hof genoß, allmächtig
und unantastbar, entbehrte Browne aller Eigenschaften,
deren es für sein dreißig Jahre lang verwaltetes General=
Gouverneurs=Amt bedurfte. Mit gutem Grunde wirft
Neuendahl ihm „Schwäche des Verstandes, Härte des
Herzens, Mißtrauen und Eigennutz" vor, Merkel nennt
ihn „hart, mürrisch und gewaltthätig" und nur dadurch
erträglich geworden, daß er (bis zur Einführung der
Statthalterschafts=Verfassung) die eigentliche Verwaltung
durch seine Räthe Johann Christoph Baron Campen=
hausen (den Protector und Freund Herders) und Geheim=
rath Vietinghof (den Begründer des Rigaer Stadttheaters
und der Gesellschaft Muße) besorgen ließ. Mit einem
Despoten dieses Schlages hatte sich allenfalls auskommen
lassen, so lange Ritterschaft und Städte sich hinter die
festen Wälle der alten, autonomen und dem barschen
Satrapen gerade wegen ihrer Unverständlichkeit impo=
nirenden Verfassung verschanzen konnten. Die neuen
„statthalterschaftlichen" Ordnungen waren Erzeugnisse der
kaiserlich russischen Gesetzesfabrik an der Newa, mit denen

hohe Herren es nicht genau zu nehmen brauchten, und die sich je nach dem Belieben, dem Bedürfniß oder der Laune des Augenblicks so oder so auslegen ließen. Aus Landes- und Stadtbeamten zu „Tschinowniks" (Beamten mit russischem Classenrang) geworden, waren unsere in „Adelsmarschälle" „Stadthäupter" und Magistrats-mitglieder u. s. w. umbenannten ehemaligen Landräthe, Bürgermeister und Rathsherren der Willkür des „Alten" fast bedingungslos preisgegeben. Und diese Willkür ließ Browne, sobald er sich als unbedingten Herrn der Situation fühlte, in der thörichtesten und barbarischesten Art walten. Nach Beseitigung der Schranken, welche die alte Verfassung ihm gezogen, begann der General-Gouverneur sich in Alles und Jedes, was ihm zufällig in den Wurf kam, — sehr häufig auch in die Rechts-pflege zu mischen. Dadurch wurde die durch die Masse neuer Beamten ohnehin arg erschütterte Sicherheit der öffentlichen Ordnung nicht selten aufs Schlimmste ge-fährdet. „Jeder Beamte war der Gefahr ausgesetzt, zu dem Machthaber gerufen und wohl gar in Gegenwart Hofierender ausgehunzt (man nannte es „gepudert") zu werden." Die von Merkel erzählte Thatsache, Browne habe ein Mal „einen der vornehmsten Adelsbeamten im Hofe des Schlosses mit einer Körperstrafe belegen wollen, weil derselbe ihm widersprach; man habe denselben aber entwischen und nach Petersburg entkommen lassen" hat mein Großvater mehr wie ein Mal erzählt. Dieser Beamte war der damalige Gouvernements-Adelsmarschall, spätere livländische Landmarschall Herr von Gersdorf, den mein Großvater noch gekannt hatte. — Eine ebenso genaue Erinnerung hatte der alte Herr von den bekannten skandalenjen Vorgängen, die sich zu Ostern des Jahres 1791 an der Dünabrücke zugetragen und die die Stadt Tage lang beschäftigt hatten. Weil die Floßbrücke des hohen Wassers wegen später als gewöhnlich gelegt worden war und weil einige von Brownes kurländischen Gütern angelangte Bauern nicht hatten übersetzen können, ließ der rohe Satrap den würdigen Aeltermann des Uebersetzeramtes, einen gesetzlich von der Körperstrafe eximirten Mann, dem er die Zögerung schuld gab, an drei aufeinanderfolgenden Tagen öffentlich prügeln, und erst als der katholische Beichtvater des General-Gouverneurs seinem vornehmen Beichtkinde mit Verweigerung der Absolution drohte, nahmen diese schmählichen Mißhandlungen ein Ende, denen Browne regelmäßig in Person beigewohnt und zu denen er das Executions-instrument, eine sogenannte Karbatsche, in seinem eigenen Wagen mitgebracht hatte. Beiläufig bemerkt war die Erbauung einer katholischen Kirche in Riga erst von Browne herbeigeführt, oder richtiger gesagt, erzwungen worden*).

---

*) Auf Betrieb Brownes war im Jahre 1762 die Erbauung einer

Das Gedächtniß anderer Browne'scher Gewaltthaten lebte vor dreißig Jahren noch in dem Gedächtniß Alt-Rigas fort. So der sogenannte „kalte Brandt" (die sinnlose Demolirung einiger Häuser, die an der heutigen Esplanade erbaut worden waren und die man nicht dulden wollte, weil sie sich auf einem Platze befanden, den man aus Versehen, zu Folge einer unrichtigen Messung des betreffenden Ingenieurs, als zur Esplanade gehörig bezeichnet hatte) und die eigenmächtige Verleihung des sog. Kunzen'schen Privilegiums an einen russischen Händler Leluchin. Die Familie Kunzen hatte das ausschließliche Recht zur Bereitung eines gewissen Kräuterbalsams erworben, Browne dieses Recht aber auf Leluchin übertragen, weil dieser ihm für die Erlaubniß, die angeblich nur auf den Browne'schen Gütern wachsenden Kräuter aus diesen zu beziehen, eine erhebliche Summe gezahlt hatte.

Eines der schlimmsten Andenken, welche Graf Browne und die statthalterschaftliche Periode der Stadt Riga

katholischen Kirche in Riga angeordnet worden; der Bau selbst fand in den Jahren 1783—1785 statt.

In Reval wurde 1799 die Erbauung einer katholischen Kirche durch den damaligen Stadtcommandanten Castro di Zardo bewirkt. Daß der von diesem Manne (einem geborenen Spanier) exportirte kaiserliche Befehl, den Protestanten die Nikolai-Kirche abzunehmen und der katholischen Gemeinde auszuliefern, nicht in Ausführung kam, war das Verdienst eines einzelnen Mannes, des Schneidermeisters Krause gewesen.

zurückließen, war die Abänderung des Unterrichtssystems der alten Domschule, die nach der von einem verlaufenen Jesuiten Jankowitz de Miriewo empfohlenen Normalmethode umgewandelt wurde. Wie auch von Neuendahl bezeugt wird, legten diese Neuerungen den Grund zu dem späteren Ruin der berühmten Anstalt, an der einst Herder gewirkt hatte und die man einige Jahre später (1804) sinnloser und schmählicher Weise zu einer bloßen Kreisschule degra= dirte. Schwerlich wäre es jemals zu dieser Maßregel gekommen, wenn man der Bürgerschaft nicht zu Browne'scher Zeit alle Freude und Theilnahme an der Domschule ver= gällt und die wohlhabenderen Classen daran gewöhnt hätte, ihre Kinder in Privatschulen zu schicken *).

---

*) Neuendahl schreibt darüber das Folgende: „Da Alles gleich= förmig werden sollte, da die deutschen Provinzen und Sibirien nach einer Form gemodelt wurden, so war es zu erwarten, daß eine Lehrart, die Gleichförmigkeit im Unterricht, in Benennung der Schulclassen, einerlei Bücher überall vorschrieb, um so mehr Ein= gang finden mußte, da man von der ferneren Ausbreitung der Jesuiten und besonders von ihrer Kraft, junge Gemüther zur Sub= ordination zu gewöhnen, sich viel Heilsames versprach . . . . . Von wesentlichen Verbesserungen war gar nicht die Rede. Die Classen der Schulen erhielten andere Benennungen und den Lehrern der= selben ward eine läppische Vorschrift ertheilt, wie sie unterrichten sollten. Die zu diesem Behuf hierher geschickten Schulbücher waren entweder sehr theuer und gar nicht hier käuflich, an innerem Gehalt entweder theils mittelmäßig, theils Spielereien nach der neuen Art enthaltend. Die Einführung dieses Unwesens ging, sowie diejenige der vorigen Neuerungen, mit größter Eilfertigkeit vor sich), denn in Petersburg erwartete man mit kindischer Ungeduld den Bericht über

Ist es aus der Vorliebe der Söhne des 18. Jahr=
hunderts für die speciellen Ideen und „Errungenschaften"
ihrer Zeit, oder aus den mit der alten Verfassung
verbundenen Uebelständen zu erklären, daß die so gewalt=
thätig eingeführte, so brutal gehandhabte Statthalter=
schafts=Verfassung bis in das erste Drittheil unseres Jahr=
hunderts hinein immer noch Anhänger zählte? So groß
auch die Rolle gewesen sein mag, die Scheelsucht, Egoismus
und philisterhafte Beschränktheit dabei gespielt haben —
es bleibt doch eine merkwürdige Thatsache, daß wenige
Jahre nach Wiederherstellung der alten Verfassung in
Land und Stadt Stimmen zu Gunsten der statthalter=
schaftlichen Ordnung laut wurden und daß (wie erwähnt)
von den Ueberlebenden aus jener Zeit Viele an der
Meinung festhielten, die geeignetste Methode einer zweck=
mäßigen Verfassungsreform wäre die Verschmelzung der
alten und der neuen Einrichtungen, der geeignetste Zeit=
punkt die Wende des Jahrhunderts gewesen. Auf
dem livländischen Landtage wurden bekanntlich zu d r e i

---

die vollstreckte Execution, welcher dann auch fördersamst erstattet
ward. Also abermals eine Gaukelei .... Die bei der ...
Domschule gemachte Einrichtung, daß fast alle Nachmittage der
Woche dem Unterricht in der russischen Sprache und dem Zeichnen
gewidmet waren, dauert noch jetzt fort." — Daß die Herabdrückung
der Domschule zu einer bloßen Trivialschule eine spätere Folge der
Statthalterschafts=Verfassung war, wird auch von Merkel ausdrücklich
hervorgehoben.

verschiedenen Malen (1803, 1805 und 1806) Anträge auf
Wiedereinführung der Statthalterschafts-Verfassung gestellt
und in Riga kam es Anno 1802 zu einer förmlichen
Option zwischen beiden Verfassungen, bei welcher von den
in allen drei Ständen der Stadt gezählten Stimmen 615
Voten für und 334 Voten gegen die angestammte Ordnung abgegeben wurden! Als feststehend kann nur das
Eine gelten, daß wenn es einer Umgestaltung bedurfte, der damalige Zeitpunkt der denkbar geeignetste
gewesen wäre, und daß das Wohlwollen der Regierung
Alexanders I. den Ständen des Landes und der Stadt
eine Freiheit der Entschließungen gewährte, wie sie vorher und nachher niemals dagewesen und seit Entdeckung
des Nationalitätsprincips wahrscheinlich für alle Zeit
unmöglich geworden ist *).

Das zweite während der deutschen Lehrjahre meines
Großvaters stattgehabte wichtige Ereigniß war, wie oben
angedeutet, die Unterwerfung des Herzogthums
Kurland unter das russische Scepter gewesen.

---

*) Zur Schürung der Unzufriedenheit gewisser Kreise mag es beige-
tragen haben, daß während der statthalterschaftlichen Zeit (im Jahre 1789)
ein Senats-Ukas den Bürgern Rigas das Recht zum eigenthümlichen
Besitz von Rittergütern abgesprochen hatte und daß dem Bürgerthum im
Jahre 1802 auch das Aequivalent für das Güterbesitzrecht, das Recht
„Rittergüter auf 99 Jahre zu pfänden" abhanden kam. An die
Stelle des 99jährigen trat ein zehnjähriges Pfandrecht, das im
Jahre 1841 auf je 3 Jahre beschränkt wurde.

Wenn er auf diesen Vorgang — der zu lange erwartet
und von zu langer Hand vorbereitet gewesen zu sein
scheint, als daß er den Zeitgenossen einen besonders nach=
haltigen Eindruck gemacht hätte, zu reden kam, so hob
mein Großvater regelmäßig hervor, die alten „herzog=
lichen Zeiten" seien von eigenthümlichem Einfluß auf die
kur= und südlivländischen Bauernverhältnisse gewesen und
hätten innerhalb derselben zu Zeiten eine gewisse Rolle
gespielt. Für die wohlhabendsten und bestbehandelten
Bauern hätten zu jener Zeit die Hintersassen der zumeist
in fruchtbaren Gegenden belegenen herzoglichen Domänen
gegolten und aus diesem Grunde sei es sehr häufig vor=
gekommen, daß von ihren Herren mißhandelte livländische
Leibeigene heimlich den Weg über die Düna genommen
und trotz der zwischen beiden Ländern bestehenden „Läuflings=
Verträge" auf den kurländischen Domänen Schutz gefunden
hätten. „Gewisse kurländische Bauernknechte", fügte er
erklärend hinzu, „starben nämlich nicht, d. h. die geflüch=
teten livländischen Leute wurden auf den Namen Ver=
storbener eingeschrieben und als angebliche Landeskinder
gegen die Reclamationen ihrer ehemaligen Herren ge=
schützt." Auf diese Weise soll die Liberalität der alten
herzoglichen Kammerverwaltung nicht nur den kurländischen,
sondern auch den livländischen Leibeigenen vielfach zu
Gute gekommen sein, — eine Auffassung, der in Kurland
widersprochen wird, die ich indessen gelegentlich von einem

der gründlichsten Kenner baltischer Agrarverhältnisse, dem
verstorbenen Professor Theodor Graß, habe bestätigen
hören. — Von dem letzten Herzog von Kurland, dem
„großen Peter" (wie man ihn im Gegensatz zu Peter
dem Großen nannte), wußte mein Großvater manche er=
götzliche Geschichte zu erzählen. Die persönliche Be=
deutungslosigkeit dieses Herren und der leidenschaftliche
Gegensatz, in welchem Adel und Bürgerthum seit den
Tagen der sog. bürgerlichen Union zu einander standen,
mögen dazu beigetragen haben, den Untergang der kurlän=
dischen Selbstständigkeit Betheiligten und Nachbarn als so
zu sagen naturnothwendiges Ereigniß erscheinen zu lassen.

Der Vollständigkeit wegen sei erwähnt, daß in die
ersten Jahre der statthalterschaftlichen Zeit mehrere liv=
und esthländische Städtegründungen gefallen waren. 1783
waren Werro und Weißenstein angelegt worden, 1784
wurde Baltischport begründet. Daß mein Großvater
dieses Zuwachses der Zahl unserer Städte niemals Er=
wähnung that, mag in dem bekannten Umstande seinen
Grund gehabt haben, daß Werro in einer Gegend
angelegt worden war, die niemals ein Städtebedürfniß
empfunden hatte und in der es an allen Bedingungen
zum Emporkommen dieser künstlichen Schöpfung fehlte.
Estland und seine Städte aber lagen außerhalb der Sphäre,
in welcher der Südlivländer alten Schlages sich bewegte.

5 *

# VII.

## Die letzten Zeiten Kaiser Pauls I. (1798—1801).

Im Herbst des Jahres 1798 traf eine große Zahl
der aus Deutschland abgerufenen liv-, est- und kurländischen Studenten in Berlin zusammen, um sich auf die
Heimreise zu begeben. Da die Mehrzahl dieser jungen
Männer ihre für einen längeren Zeitraum berechnet gewesenen „Wechsel"*) noch nicht verzehrt hatte und da
Alle von der Empfindung erfüllt waren, daß es mit der
„fidelsten" Zeit des Lebens für immer vorüber sei, nahmen
sie das Horazische: Nunc vino pellite curas, cras ingens
iterabimus aequor zur Richtschnur, um noch einmal
in gewohnter Weise des Lebens Lust und Pracht zu
genießen. Was mein Großvater über die Einzelheiten

---

*) Beiläufig sei bemerkt, daß der Cours des russischen Banco-
Rubels bereits damals ins Schwanken gerathen war und 32, zu
Zeiten auch 39 unter Pari stand. Zwanzig Jahre später (1818)
galten 100 Rubel in Silber 382 Banco-Rubel und das hielt man für
eine Besserung, weil der Cours zeitweise 400 gewesen war.

dieses Aufenthalts in dem zu jener Zeit nichts weniger als
weltstädtischen, von etwa 150 000 Menschen bewohnten
Berlin berichtete, weiß ich nicht mehr; erinnerlich ist mir
nur, daß es in der damals universitätslosen, des studen=
tischen Treibens ungewohnten preußischen Hauptstadt an
Zusammenstößen zwischen den wilden baltischen Akademi=
kern und der anspruchsvollen Jugend der Königlichen
Garde (für die vornehmste Truppe galt das Regiment
„Gensdarmen") nicht fehlte. Bald waren aber auch diese
Tage verrauscht, — ein Trupp nach dem anderen trat
die Heimreise an und die Schaar der Zurückgebliebenen
lichtete sich von Tag zu Tag. Die Estländer und Nord=
Livländer gingen nach Stettin oder Danzig, um daselbst
Schifffahrtsgelegenheit nach Reval bez. Pernau zu suchen,
mein Großvater aber schloß sich einer Gesellschaft kur=
und südlivländischer Kameraden an, die den Weg nach
Königsberg nahm, um sich daselbst dem Planwagen des
bekannten Frachtfuhrmanns anzuvertrauen. Da die
Jahreszeit weit vorgeschritten, der sandige Weg an und
für sich schlecht und durch starke Regengüsse verschlechtert
war, ging es im Schneckenschritt vorwärts und wurde
ein nicht unerheblicher Theil der Reise von der unge=
duldigen Jugend zu Fuß zurückgelegt. Endlich erreichte
man Polangen und die ehemals herzoglich kurländische,
jetzt russische Staats= und Landesgrenze, an welcher es
eine scharfe, insbesondere auf „verbotene Bücher" gerichtete

Zollprüfung durchzumachen galt. Diesen gefährlichen Artikel zu führen, war den loyalen jungen Musensöhnen natürlich nicht in den Sinn gekommen; für Contrebande konnten aber auch die mit Citaten aus den „Räubern", dem „Lied an die Freude" und dem schwerverpönten „republikanischen" Trauerspiel „Fiesko" gespickten akademischen Stammbücher der jungen Herren angesehen werden. Auf den Rath des erfahrenen Fuhrmannes hatte mein Großvater sein Stammbuch in einer Tasche seines Jenaer Flausrockes wohl verborgen. Daß diese Vorsicht keine nutzlose gewesen, wurde ihm dem ganzen Umfang nach erst in der Folge klar, als man ihm in Riga erzählte, einen seiner in Reval ausgeschifften Kameraden, einen Herrn v. Mohrenschild, habe wegen eines in seinem Stammbuche vorgefundenen „verbotenen" Schillerschen Verses das entsetzliche Loos getroffen, für immer seiner Heimath, seiner Familie und seinen Freunden entrissen zu werden. Ein unvorsichtiger Freund hatte dem jungen Estländer (dessen durch Stürmer und Tabakspfeife auffallende Silhouette mein Großvater mir oft gezeigt hat und den er als einen außerordentlich harmlosen, aller Politik abgewendeten Jüngling bezeichnete) die Worte „Rettung von Tyrannenketten" in das Stammbuch geschrieben und dafür war der unglückliche Eigenthümer dieses Gedenkbuchs als gemeiner Soldat nach Sibirien verschickt worden! Einige Jahre später wurde der unschuldig Verurtheilte begnadigt, — auf der Rückreise nach Europa indessen von einer Krankheit ereilt, die seinem in der Blüthe der Jahre geknickten Leben ein Ende machte.

Vollständig blieb die Bekanntschaft mit dem Ernst der damaligen Zeitläufe übrigens auch meinem Großvater nicht erspart. Als er mit seiner Reisegesellschaft in der Mitauschen Vorstadt eintraf und wegen der zweifelhaften Beschaffenheit des Dünaeises den Weg über den Fluß zu Fuß antreten mußte, wurde er auf die regelwidrige Form seines neumodischen Hutes und der herabhängenden Krämpe desselben so nachdrücklich aufmerksam gemacht, daß er sich veranlaßt sah, die an und für sich ziemlich lustige Eispromenade „chapeau bas" vorzunehmen. „Das traurigste Geschick", so pflegte der alte Herr humoristisch zu erzählen, wenn er auf diese merkwürdige Zeit zu reden kam, „erfuhr mein eleganter funkelnagelneuer Frack. Da Röcke mit liegenden Kragen für „jacobinerhaft" galten und aus diesem Grunde verboten waren, mußte ich den herrlichen Sammetkragen meines Berliner Musterkleidungsstückes opfern, ein Proceß, der mir beinahe Thränen kostete. Und doch sandte der Herr Oberfiscal mich unbarmherzig aus der Mitte eines mit Mamsell M. (bürgerliche Jungfrauen mußten sich bis in die 40er Jahre hinein mit der Bezeichnung „Mamsell" begnügen) begonnenen Tanzes vom Mußenball weg, weil meinem

Kleide der vorschriftsmäßige preußische Stehkragen fehlte. „Seien Sie froh, daß Sie so davon kommen", hatte der gestrenge Wächter über die Kleiderordnung drohend hinzugefügt, „es geschieht das nur, weil Sie eben aus dem Auslande kommen und weil Ihr würdiger Vater mein Gevatter und alter Studienfreund ist."

Das von dem unglücklichen Kaiser Paul befolgte Repressionssystem war im Jahre 1798 auf seinem Gipfelpunkt angelangt und von der pedantischen Aengstlichkeit und Strenge der Rigaer Beamten noch über sein natürliches Maaß hinaus verschärft worden. Verboten war Alles, was nicht ausdrücklich erlaubt war, und erlaubt war Nichts, was auch nur möglicher Weise zu einem Mißbrauch und zur Nährung „schädlicher Ideen" führen konnte. Jedes Buch, das für erlaubt gelten sollte, mußte auf seinem Titelblatt abgestempelt sein und mit dieser Vorschrift wurde es so genau genommen, daß eine Verletzung derselben die sofortige Versendung des Schuldigen nach Sibirien zur Folge haben konnte. Durch den damaligen höchsten Beamten des Landes, den „Civil-Generalgouverneur" Geheimrath Nagel, einen ängstlichen und dabei höchst beschränkten Mann, der sein halbes Leben im unwirthbaren Norden Rußlands verbracht hatte und den das entwickelte Bildungsbedürfniß der auf den Zusammenhang mit ihrem Mutterlande angewiesenen Provinzen an und für sich ängstigte, wurden die Censurvorschriften der

Jahre 1798 und 1799 in Livland mit einer Strenge in Ausführung gebracht, von der andere Theile des Reichs verschont blieben. Nur der Dazwischenkunft des humanen und gebildeten Civil-Gouverneurs v. Richter (Richters Vorgänger, der allbeliebte Graf Mengden = Kaugershof war aus Angst vor dem Besuch des Kaisers im Jahre 1797 gestorben) hatte der Buchhändler Hartmann es zu danken, daß er wegen des Besitzes von ein paar nicht= gestempelten Büchern nicht nach Sibirien geschickt wurde, zwei andere Rigasche Bürger Pohrt und Hartknoch wurden auf Denunciation des wegen seines bornirten Bildungshasses und seiner Brutalität bekannten Censors Tumanski nach St. Petersburg geschleppt und nur durch die Intervention hochstehender Freunde vor ferneren Miß= handlungen geschützt. Johann Friedrich Hartknoch (der gleichnamige Sohn des hochverdienten Begründers dieser Firma) verließ zu Folge dieser Vexationen Riga, um — unter Verlust eines großen Theils seines Vermögens — nach Teutschland überzusiedeln. — Die Geschichte der ihm zugefügten Mißhandlungen hat der schwer beleidigte Mann in einer ihrer Zeit vielgelesenen Brochüre erzählt. Durch die Lässigkeit der Censur, die 33 ihr zur Durchsicht über= wiesene Bücherballen fünf Monate lang zurückbehalten hatte, in schwere geschäftliche Verlegenheiten gebracht, war Hartknoch nach St. Petersburg gereist, um dem Chef der Geheimpolizei Fürsten Kurakin eine direkt an den Kaiser

gerichtete Beschwerde zu überreichen. Kurakins Ausspruch,
daß der Kaiser „gegen Alles, was auf Literatur Bezug
habe, zu aufgebracht sei, als daß auf Abhilfe gerechnet
werden könne", und die Drohung eines Senateurs und
Präsidenten des Justiz-Collegiums: „Es wäre besser,
daß hundert gute Bücher verbrannt würden, als daß
eines durchschlüpfe, in dem auch nur ein eine revolu-
tionäre Deutung zulassender Ausdruck vorkomme" schreckten
den auf die Gerechtigkeit seiner Sache vertrauenden Mann
nicht zurück. Erst nachdem er verhaftet und wie ein
Sträfling nach Gatschina geschleppt worden war, wurde
der Gutgläubige von der Aussichtslosigkeit seiner Sache
überzeugt und mit der nachstehenden kaiserlichen Resolution
nach Hause geschickt:

„Man müsse sich dem Gesetze unterwerfen ohne zu
raisonniren. Er könne der Milde Sr. Majestät nicht
genug danken, daß man ihn nicht dafür zur Verantwortung
ziehe, daß er schon vor Einführung der jetzigen Censur
Bücher habe kommen lassen, die seit der Revolution in
Frankreich gedruckt wären, und daß er gar kein Recht
habe, sich über irgend etwas zu beschweren, das ihm
widerfahre".

Damit war die Sache indessen noch nicht zu Ende.
Zehn Tage nach seiner Heimkehr wurde Hartknoch, auf
Grund einer von dem rachsüchtigen Tumanski eingereichten
Denunciation verhaftet, in Begleitung eines Feldjägers

nach Petersburg geschickt und daselbst an die Hauptwache
abgeliefert. Man gab ihm Schuld, heimlich einzelne
Bogen des sog. „Revolutions-Almanachs" (einer höchst
conservativ gehaltenen Chronik der französischen Ereignisse)
eingeschmuggelt zu haben und erst als er den actenmäßigen
Beweis führte, daß die bezüglichen Bogen sämmtlich dem
Censor übergeben und von diesem für unanstößig
erklärt worden seien, wurde der Gequälte und Ge-
ängstigte mit der Weisung entlassen, „daß er von nun an
für den Inhalt eines jeden, ihm zugesendeten Buchs
persönlich werde verantwortlich gemacht werden". —
Wie erwähnt wurde Hartknoch durch diesen Vorgang zum
Verkauf seines Geschäfts und zur Uebersiedelung nach
Deutschland bestimmt. Wahrscheinlich hat er es der
Raschheit seines Entschlusses zu danken gehabt, daß ihm
die Quälereien erspart blieben, die zwei seiner Collegen,
Müller in Riga und Friedrich in Libau auszustehen
hatten und daß er das entsetzliche, s. Z. in ganz Europa
besprochene Geschick des Pastors Seider von Randen nur
aus den Zeitungen erfuhr.

Die heut zu Tage kaum glaubliche Geschichte Seiders
(eines 1788 nach Livland eingewanderten, 1834 zu St.
Petersburg verstorbenen Königsbergers) ist nur ein Mal,
in einer 1803 erschienenen, längst vergessenen Brochüre
erzählt, die von dem Unglücklichen angekündigte
Schrift „Meine Verbannung nach Sibirien" niemals der

Oeffentlichkeit übergeben worden. Um dem Leser eine Vorstellung von dem ganzen Jammer dieser entsetzlichen Zeit
zu geben, lasse ich den nachstehenden Auszug aus einer
nach Seiders eigenen Aufzeichnungen zusammengestellten
russischen Version der erwähnten Broschüre (vgl.
Russkaja Starina 1878, Hft. 3) folgen.

Als Prediger von Randen hatte Seider einen Lese-
cirkel organisirt und verschiedene ihm zugehörige Bücher
bei seinen Nachbarn circuliren lassen, darunter den damals vielgelesenen Roman „Die Macht der Liebe“ von
Lafontaine. Von diesem Werke war ein Band abhanden
gekommen und behufs Wiedererlangung desselben erließ
Seider ein bezügliches Inserat in dem Dorpater Intelli-
genzblatt vom April 1800, das denn auch die gewünschte
Wirkung that. Dieses Inserat fiel dem schändlichen Tumanski
in die Hände, der auf Grund desselben an den General-
gouverneur Nagel und den berüchtigten General-Procureur
Oboljäninow*) in Petersburg Berichte absandte, in denen
er Seider als den Inhaber einer heimlichen Bibliothek
verbotener Bücher bezeichnete. Nagel entsandte den
Dorpater Landrichter v. Rennenkampf nach Randen,

---

*) Dieser wegen seiner Grausamkeit verrufene Beamte wurde
am ersten Tage der Regierung Alexanders I., kaum vier Stunden
nach dem Ableben Pauls, verhaftet, auf die Hauptwache gesendet
und für Lebenszeit auf eins seiner Güter verbannt. Auch Tumanski
verlor sein Amt, blieb im Uebrigen indessen unbehelligt.

um die Seiderſche Bibliothek inventiren und über die
Sache berichten zu laſſen. Während Herr v. Rennen=
kampf mit der Ausführung dieſes Auftrages beſchäftigt
war (am 24. Mai 1800), erſchien Tumanski plötzlich auf
Paſtorat Randen, inventirte noch ein Mal, bezeichnete
einige in der Seiderſchen Bibliothek vorhandene Bücher:
Kants „Entwurf zum ewigen Frieden", den erwähnten
Lafontaineſchen Roman und ein paar Schriften von
Spalding und Sonntag (dem ſpäteren livl. General=
Superintendenten) als verboten und eröffnete dem bis
dahin völlig unbefangenen Eigenthümer dieſer Bücher=
ſammlung, daß er in Begleitung eines nach Dorpat ge=
ſendeten Feldjägers ſofort nach St. Petersburg abzureiſen
habe. Daſelbſt wurde Seider in die Feſtung abgeführt,
durch den General=Procureur und das Juſtiz=Collegium
vernommen und unmittelbar darauf durch den folgenden
Kaiſerlichen Machtſpruch verurtheilt:

„Da der Paſtor Seider von Randen durch die
Rigaſche Cenſurverwaltung bei Sr. Majeſtät wegen des
Beſitzes verbotener Bücher angeklagt iſt, ſo hat Se. Ma=
jeſtät dem General=Procureur befohlen, den Seider ſammt
ſeiner Bibliothek nach Petersburg abzuführen. Nachdem
ſich aus dem Bücherverzeichniß ergeben hat, daß der
Paſtor Seider in der That zweideutige und verbotene
Bücher im Beſitz gehabt, ſo iſt derſelbe als vor
dem Geſetze ſchuldig befunden und auf Befehl Sr.
Kaiſerl. Majeſtät zu einer durch zwanzig Knutenhiebe

auszuführenden Körperstrafe und zur Bergwerksarbeit in
Nertschinsk verurtheilt worden. Da nach Vorschrift der
kirchlichen Gesetze geistliche Personen körperlich nicht gezüch-
tigt werden dürfen, so ist Seider zuvor durch den hier anwesenden Propst Reinbot der geistlichen Würde zu entkleiden".

Dieses barbarische, aller Vernunft und Gerechtigkeit
Hohn sprechende Urtheil wurde der Hauptsache nach
wirklich in Ausführung gebracht. Reinbot entkleidete
seinen unglücklichen Amtsbruder der geistlichen Würde
und reichte ihm das Abendmahl, — Seider aber wurde
dem Henker überantwortet (dem er in einem unbewachten
Augenblicke seine silberne Uhr zusteckte), und an den Schand-
pfahl gebunden. Zum Aeußersten kam es indessen nicht:
auf einen (nach der Angabe Gretsch's durch den damaligen General-Gouverneur Grafen v. d. Pahlen veranlaßten) Wink des commandirenden Officiers richtete
der Henker seine Hiebe nicht auf den entblößten Rücken,
sondern ausschließlich auf den Hosenbund seines Opfers,
so daß der Körper desselben unverletzt blieb. Halbtodt
wurde Seider in das Gefängniß zurückgeführt und trotz
der Krankheit, die ihn ergriffen, in einem elenden Fahr-
zeug in das 970 Meilen (6784 Kilometer) von Petersburg
entfernte Nertschinsk geführt, wo er bis zum Ende der
Regierung Kaiser Pauls verweilte, sodann aber durch
das folgende Rescript Alexanders I. begnadigt und für
unschuldig erklärt wurde:

„Der frühere Pastor in Randen im Dorpat'schen Kreise, Seider, der auf unglückliche Weise der geistlichen Würde entkleidet und unschuldig körperlich bestraft worden, ist von jedem gegen ihn erhobenen Vorwurf frei zu sprechen. Allergnädigst befehlen wir, daß derselbe in Gemäßheit von Cap. XIX § 21 des protestantischen Kirchengesetzes von Neuem zu weihen und in eine vacante Pfarrstelle einzurücken ist. Wir befehlen dem Reichs-Schatzmeister außerdem bis zur Wiederanstellung des Seider, demselben die Hälfte des in Randen bezogenen Gehalts mit 715 Rbl. jährlich auszuzahlen" *). — Die Veröffentlichung dieses entsetzlichen Vorgangs unterblieb auf den Wunsch der Kaiserin Marie Feodorowna (der Wittwe Pauls); gegen die Publication von 1803 hat Seider sich ausdrücklich verwahrt.

Ueber den Eindruck, den dieser Act des unerhörtesten Despotismus sowohl in Petersburg wie in Livland machte, braucht Nichts gesagt zu werden: die Größe desselben wird dadurch illustrirt, daß nicht nur viele lutherische, sondern auch mehrere Seider völlig unbekannte griechisch orthodoxe Geistliche Petersburgs den Unglücklichen während

---

*) Da die Randener Pfarre wieder besetzt worden war, blieb Seider, nachdem er durch den Propst Reinbot abermals geweiht worden, in Petersburg, wo er Prediger an der estnischen Gemeinde wurde. 1811 berief die Kaiserin ihn an die deutsche Gemeinde in Gatschina und als Lehrer an das dortige Findelhaus.

seiner Gefangenschaft in der Peter-Paulsfestung besuchten und daß Pahlen im buchstäblichen Sinne des Worts seine Existenz riskirt hatte, als er die Vollstreckung der Knuten= strafe auf eine bloße Formalität beschränkte. — Die Oboljä= ninow und Tumanski aber trieben ihr Wesen weiter. Bereits vor der Seiderschen Katastrophe, im Jahre 1799 waren sämmtliche Civilbeamte Rigas durch eine geheime Ordre angewiesen worden, das Lesen verbotener Bücher zu verhindern und die Inhaber derselben zur Anzeige zu bringen. Fälle solcher Denunciationen kamen vor und verbreiteten einen so panischen Schrecken, daß man längere Zeit hindurch eine Visitation sämmtlicher Privat= bibliotheken fürchtete.

Ebenso streng wie mit der Bücher=Censur wurde es — wie bereits angedeutet — mit der Kleider=Ordnung genom= men. Man ließ es nicht dabei bewenden, daß Frack und runder Hut streng verpönt waren, — obligatorisch mußten Puder und Locken, das altfranzösische Habit oder eine Uni= form nach altpreußischem Zuschnitte getragen werden. Um auf eine möglichst genaue Ausführung dieser Kaiserl. Vor= schriften hinzuwirken, wurde zu Anfange des Jahres 1800 die Zahl der Gouverneure auf vier gebracht: neben dem Civil= Generalgouverneur, dem Civilgouverneur und dem Vice= gouverneur amtirte auch noch ein Militär=Gouverneur von Riga und zwar in der Person eines Herrn v. Rehbinder, der als Spieler bekannt und als beständig geldbedürftiger Herr

außerordentlich gefürchtet war. So weit steigerten sich
Aengstlichkeit und Liebedienerei, daß selbst der in dem
Wappen der Gesellschaft „Muße" figurirende runde Hut
eine veränderte Gestalt annehmen mußte; freilich nur für
kurze Zeit, denn im December 1800 (bald nach der Ent=
lassung Nagels, an dessen Stelle der beständig in Peters=
burg residirende Graf Pahlen ernannt wurde) löste ein
Allerhöchster Befehl die Muße und alle übrigen geschlos=
senen Gesellschaften ihres „clubbartigen" Charakters wegen
auf. — Hand in Hand mit diesen Quälereien gingen
Hemmungen der Verkehrsfreiheit, die dem Handel schwere
Wunden schlugen und der nämlichen Quelle entsprungen
waren wie die Bücher= und Kleiderverbote: der Angst
vor den französischen Grundsätzen. Dem Verbote allen
directen Verkehrs mit der französischen Republik war
bereits im Jahre 1799 ein Befehl gefolgt, welcher alle
Gemeinschaft „mit der freien und Hansestadt" Hamburg
„wegen der bei der dortigen Regierung herrschenden
anarchischen Grundsätze" untersagte. Die Einwanderung
von Ausländern wurde so streng untersagt, daß schließlich
auch der gewohnte Zuzug deutscher Handwerksgesellen
aufhörte, und daß Schornsteinfeger und Scharfrichter
dadurch in Verlegenheit geriethen. — „Die Worte Frei=
heit, Vaterland und Bürgerschaft wurden", wie es in
dem Berichte des alten Bürgermeisters Bulmerincq heißt,
„proscribirt und es herrschte rings dumpfe Stille."

Die unteren Classen der Gesellschaft blieben von diesem auf dem geistigen Leben lastenden schweren Banne allerdings unberührt. Dafür wurden während der Regierung Kaiser Pauls auf sie schwere materielle Lasten gewälzt. Im Jahre 1797 wurde die Rekrutirungs= pflicht, von welcher die privilegirten Provinzen bis dahin ausgenommen waren, zum Schrecken des Landvolks und des städtischen Kleinbürgerthums auf unsere Provinzen ausgedehnt (die Einführung der Kopfsteuer und die sog. Krepostabgabe war bereits im ersten Jahre der Statt= halterschaftsverfassung, Anno 1783 *) erfolgt, die Geltung der den Privilegien zuwiderlaufenden russischen Satzung, betr. in gemischten Ehen erzeugte Kinder im Jahre 1789 für Liv= und Estland anerkannt worden). Im folgenden Winter 1798/99, dem ersten, den mein Großvater wieder in der Heimath zubrachte, brach eine furchtbare, bei der Schwerfälligkeit der damaligen Handels= und Verkehrs= verhältnisse unbesiegbare Hungersnoth aus, auf welche schwere Seuchen folgten.

---

*) Am 3. Mai desselben Jahres 1783 waren durch einen kaiser= lichen Ukas die als Mannlehen besessenen livländischen Rittergüter in Allodien (freies Eigenthum) verwandelt worden. Da der Adel noch vielfach in den Vorstellungen der schwedischen Zeit lebte, wo die Mehrzahl der Lehnsgüter eingezogen („reducirt") worden war, wurde diese Maaßregel als Ausfluß besonderer kaiserlicher Gnade angesehen und über derselben die gewaltsame und rechtswidrige Einführung der Statthalterschaft wenigstens für einen Augenblick vergessen.

Der Stimmung, welche die gebildeten Liv=, Est= und
Kurländer während jener schweren, lichtlosen Prüfungszeit
erfüllte, hat es an einem in seiner Weise classischen Aus=
druck nicht gefehlt. Meines Großvaters Studiengenosse
und Freund, der kurz zuvor von Jena nach Dorpat
zurückgekehrte Carl Petersen (damals Hauslehrer in der
Familie des Geheimraths von Vietinghof) schrieb im
Jahre 1798 die witzsprühende Ode „auf den Tod Alzirens",
in welcher er den trauernden Herrn dieses Windhundes,
den damaligen Odenpähschen Pastor Gustav Hehn in die
schmerzlichen Worte ausbrechen ließ:

> „Schlaf' sanftes Vieh! — Uns fliegen jetzt Ukasen
> Erbärmliche Despotenhudelein
> Censur und Kleiderordnung um die Nasen;
> Ich wünschte selbst ein todter Hund zu sein!"

# VIII.

## Die Anfänge Kaiser Alexanders I.

---

„Bruder", begann der Großonkel eines Abends das Gespräch, „wann haft Du eigentlich Zopf und Puder abgelegt? Ich habe mich dieses Krams sofort nach meiner Uebersiedelung nach Deutschland entledigt, und diese vollzog sich, wie Du weißt, schon bald nach dem Tode Kaiser Pauls. Die Uniform hatte ich bereits ausgezogen, als die Chevalier-Garde in die Maltefer-Garde verwandelt und mir dadurch die erwünschte Gelegenheit geboten worden, meinen Abschied zu nehmen. Wie Du weißt, war die Errichtung der Maltefer-Garde (wir sollten auf unfern Küraffen das Kreuz des katholischen Ordens führen, von dem weder die Livländer noch auch die ruffischen Kameraden etwas wissen wollten) — eine höchst unpopuläre Maßregel; sämmtliche Officiere unferer Schwadron hatten sich das Wort gegeben, diese Neuerung nicht mitzumachen. Bruder Liborius trat damals in das

sog. Petersburger Regiment, mir war die Ueberführung
in die Armee durch ein Versehen des Regimentsschreibers
unmöglich gemacht worden und ich wurde für einige Zeit
Privat-Sekretär des Geheimraths und Senateurs Grafen
Johann Jacob Sivers, bis ich später zum Theater ging.
Ich glaube die einzigen Leute, die die zur „Malteserzeit"
vorgenommenen Veränderungen gern mitmachten, waren
die in unserem Regimente dienenden französischen Emi=
granten. Unser Rittmeister z. B. war ein Graf (den
sodann genannten Namen habe ich längst vergessen), der
kaum ein Wort russisch konnte und sich die Commando=
Worte mit lateinischen Buchstaben auf seine großen
weißen Stulpenhandschuhe geschrieben hatte, um sie bei
den Uebungen abzulesen."

„Den Zopf", erwiderte mein Großvater, „habe ich
bei meiner Verheirathung, und zwar meiner Braut zu
Liebe abgelegt. So lange der Kaiser Paul lebte, war
daran nicht zu denken, denn Zopf und Stehkragen galten
für obligatorisch. Warum hast Du es denn mit der
Ablegung dieses Zierraths so eilig gehabt?"

„Für uns Militärs", gab der Großonkel zur Antwort,
„war die alte Haartracht die schlimmste Plage des Regle=
ments und wir waren lange allen Ernstes der Meinung,
die Beseitigung derselben sei Bonapartes größtes Verdienst
um Frankreich und die französische Armee gewesen. Du
weißt Bruder, daß die Chevalier=Garde zu meiner Zeit

aus lauter Edelleuten mit Cornet-Rang bestand und daß
unser verstorbener Bruder Liborius und ich als jüngste
Cornets der Schwadron begannen, weil der selige Vater
uns besonders lange auf der Schule behalten hatte. Zu
mir kam der Friseur unserer Abtheilung zuweilen schon
um 2½ Uhr Morgens, um Zopf und Haarbeutel zu
ordnen; an Schlaf war nachher nicht mehr zu denken,
denn wenn wir Morgens um 7 Uhr beim Wachtmeister
antraten, um Silberhelm und Parade-Küraß abzuholen
(deren wir bei der Wache in den Kaiserlichen Zimmern
und im Palais Stanislaus Poniatowski bedurften), mußte
Alles in vollster Ordnung sein. Hatte man sich verführen
lassen, die qualvollen Stunden zwischen Frisur und Kaffee
auf dem Bett, statt im Lehnstuhl zu verbringen und da=
durch seine „Tour" zu gefährden, so gab es unfehlbar
ein paar Tage Stallwache. Einmal hat mir des seligen
Kaisers Majestät diese Strafe selbst dictirt, weil ich auf
der Maskerade gewesen war und darüber den Friseur
versäumt hatte, — seinem scharfen Auge entging nichts.
Es war eine gräßliche Quälerei, zumal wenn einem das
Haar mit Talg verklebt worden war, und wenn dasselbe
während des verbotenen Morgenschlummers von Ratten
und Mäusen angefressen wurde, — wie mir das im
Sommer 1799 passirt ist, als ich zu Gatschina bei einem
Bäcker im Quartier lag."

„In Petersburg", fuhr der Großonkel fort, „wurde

mit der neuen Haartracht und den verpönt gewesenen
Pariser Moden übrigens schon unmittelbar nach dem
Tode Kaiser Pauls experimentirt. Während die älteren
Leute sich von Haarbeutel, Zopf und Dreispitz nur lang-
sam und ungern trennten, sah man jüngere Leute schon im
Frühling und Sommer 1801 à la incroyable umherspazieren.
Das Spazieren selber bildete in der Petersburger großen
Welt eine unerhörte Neuerung, die man sich erst erlaubte,
als Kaiser Alexander zu Fuß auf der Perspective gesehen
worden und als es vorgekommen war, daß er mit der
Kaiserin Elisabeth am Arm à l'improviste und ohne jede
Begleitung Besuche gemacht hatte. Unter dem vorhergegangenen Regime wäre es unerhört gewesen, daß ein
Mann von Rang anders als im vierspännigen, lang-
bespannten Wagen und mit dem Vorreiter öffentlich
erschienen wäre, — „mit einem Zuge" (съ цугомъ) wie
man es nannte.

In Schwung kamen die neuen Moden übrigens erst,
als Duroc in Petersburg erschienen war, um für eine
Weile aller Welt zum Muster zu dienen. Einen Umschwung, wie er sich damals vollzog, hat die Welt überhaupt nur selten erlebt. Von Allem, was zuvor Regel
gewesen war, galt mit einem Male das Gegentheil,
nahezu Alles, was verboten gewesen, wurde als erlaubt
behandelt. Welches Erstaunen erregte es z. B., daß
Schillers Stücke nicht nur gelesen und verkauft werden

durften, sondern daß man dieselben auf dem deutschen
Hoftheater unter rauschendem Beifall aufführte. Ich
habe ja selbst als Ferdinand in „Kabale und Liebe"
debütirt! — Die vorhergegangene Periode trat mir
neulich wieder deutlich vor Augen, als ich Kotzebues
„Merkwürdigstes Jahr meines Lebens" zur Hand nahm.
Man thut Unrecht, dieses Buch nicht mehr zu lesen."

Von den Materien, welche zwischen den beiden alten
Herren verhandelt wurden, nahm keine meine jugendliche
Phantasie so lebhaft in Anspruch, wie die Periode der
Regierung Kaiser Pauls. Schon weil mein Großonkel
der einzige mir zu Gesichte gekommene Zeuge der damaligen Vorgänge in St. Petersburg war, grub seine
Erzählung sich mit unverlöschlichen Zügen in meine Er-
innerung ein, und wenn mir in späteren Jahren schriftliche
Denkmäler jener Zeit (ich nenne beispielsweise die Memoiren Philipp Wigels, die vortreffliche Darstellung im
zweiten Bande von Bernhardis „Geschichte Rußlands",
das genannte Kotzebuesche Buch und die von der „Russkaja
Starina" abgedruckten Auszüge aus der Russ. Petersbg.
Zeitung der Jahre 1796—1798) in die Hände fielen, so
war mein erster Gedanke regelmäßig der an den Großonkel.
Hatte er doch selbst, mit eigenen Augen die uns unglaublich
dünkenden Thorheiten angesehen, die sich in dem Petersburg der Jahre 1796—1801 zugetragen hatten. Die
barbarische Mißhandlung von Soldaten und Officieren, —

die schwere körperliche Züchtigung von Personen, die
gesetzlich gegen die Körperstrafe gesichert waren, — die
plötzliche, gewöhnlich völlig unmotivirte Verbannung von
Personen, die eben erst in höchster Gunst gestanden hatten
und die zuweilen nach kurzer Frist ebenso plötzlich und
ebenso unmotivirt wieder auftauchten, — die beständige
Jagd nach „verbotenen" Büchern, Kleidungsstücken und
Haartrachten, — die bekannte Anordnung, nach welcher
dem Kaiser auf der Straße begegnende Personen (ohne
Unterschied des Geschlechts, Alters oder Standes) ihr
Gefährt verlassen und mit entblößtem Haupte niederknien
mußten; — die Geschichten von dem Reiter-Regimente, das
eines überhörten Paradebefehls halber nach Sibirien wan-
dern sollte und wirklich bis nach Strelna oder Gatschina
kam und von der deutschen Kaufmannsfrau, die geprügelt
wurde, weil ihr Kutscher vor dem Kaiser nicht gehalten
und dann in der Flucht das Heil gesucht hatte, — das
Alles und die damit zusammenhängenden, inzwischen vergessenen Details und Namen war mir längst bekannt
geworden, bevor es gedruckt zu lesen war. So lebhaft
wurde der Onkel, wenn er auf diese Tage seiner mili-
tärischen Jugend zu reden kam, daß er mir während der
Erzählung ein Mal meine kleine Flinte wegnahm, um
uns die damalige Art des Gewehrpräsentirens (der vor-
gehaltene Carabiner mußte schließlich klirrend auf den
rechten Unterarm des Präsentirenden fallen) vorzumachen.

„Ja, es waren merkwürdige Zeiten, die Zeiten Kaiser
Pauls", fiel der Großvater dann ein, — „und wie plötz=
lich gingen sie zu Ende! Ich erinnere mich noch deutlich,
wie ich im März 1801 bei der Rückkehr von einer Ge=
schäftsreise nach Fellin, Nachts auf der Station Lenzenhof
mit dem Feldjäger zusammentraf, der die Nachricht von
der Thronbesteigung Kaiser Alexanders nach Riga brachte.
Der Kerl war natürlich vollständig betrunken und als
er in die Stationsstube trat, den Säbel auf den Tisch
warf und mit den Worten „Na, mit Pawel Petrowitsch
ist es endlich aus" die Gebärde des Erwürgens machte,
glaubten wir (mein Reisegefährte, der verstorbene Herr
v. S. und ich) einen der zahlreichen agents provocateurs
vor uns zu haben, die damals ihr Wesen trieben. Starr
vor Schrecken saßen wir da (der bloße Anblick einer
Feldjäger=Uniform flößte ja Schrecken ein, da das Er=
scheinen dieser Leute fast regelmäßig eine Abführung nach
Sibirien ankündigte) — bis der Kerl bei Gott und allen
Heiligen schwor, daß er die Wahrheit gesagt habe, um
dann in Nacht und Nebel zu verschwinden. Als wir am
nächsten Nachmittag in Riga eintrafen, waren Huldigungs=
und Thronbesteigungsfeierlichkeiten bereits in vollem
Gange und wurde die ganze Stadt illuminirt. Eine so
frohe, gehobene Stimmung, wie sie während des geseg=
neten Alexander erster Regierungszeit waltete, habe ich
überhaupt nie wieder erlebt. Eine so glänzende und

hinreißende Persönlichkeit wie diese hat freilich nur selten
auf einem Throne gesessen! Zwanzig Jahre lang haben
die Leute sich die Anekdoten von des Kaisers erster Reise
durch das Land erzählt. Damals passirte es ja auch,
daß der alte possirliche Mitausche Posthalter K. sich die
Erlaubniß erbat, in eigener Person seinen Kaiser nach
Olai fahren zu dürfen und daß er mit Sr. Majestät „wetten"
wollte, er werde nur im Trab fahren und dennoch in
1¼ Stunde die 2½ Meilen zurücklegen und daß der
Alte, als der Kaiser ihn in Olai fragte, ob die Pferde
nicht müde wären, sein „Das soll'n Sie mal sehen,
Majestät" zur Antwort gab, auf seine Gäule peitschte
und „ungefuttert" nach Riga weiterfuhr, das er binnen
weiteren Fünfviertel-Stunden erreichte. Der Kaiser,
der in seiner Leutseligkeit an dem komischen Kauz
Gefallen fand, sagte demselben beim Abschiede, er
möge sich eine Gnade ausbitten. „Majestät", gab der
kurische Diogenes zur Antwort, „die größte Gnade
haben Sie mir bereits erwiesen, als Sie sich von
mir fahren ließen. Wollen Sie aber Etwas für mich
thun, so bitten Sie Ihren Herrn Bruder, den Con=
stantin, daß er mir das Krummholz zurückschickt, das
seine Leute voriges Jahr aus Versehen mitgenommen
haben."

Ich habe diese Anekdote wiedererzählt, weil sie in
dem anmuthigen Bertramschen Buch („Fünfzig Jahre

zurück"), das eine Menge ähnlicher Züge aus jener Zeit
berichtet, meines Wissens nicht registrirt ist und weil sie
der nicht eben großen Zahl von Anekdoten angehört, auf
welche mein Großvater sich überhaupt einließ. Kaiser
Alexanders I. Besuche in Riga bedeuteten eben Epochen
im Leben der Stadt und länger als ein Menschenalter
hat die Erinnerung an diese Festzeiten und an die bei
denselben typisch wiederkehrenden Gestalten fortgelebt.
In den zwanziger Jahren gehörten der (im Jahre
1840 verstorbene) Oberlehrer Heinrich Carl Laurenty
und dessen eigentlich niemals lebendig gewesene Gedichte
(„Denkblätter", Riga 1829, 2. Heft 1839) zu den bekanntesten Zeugen dieser Kaiserbesuche. „So oft der
Kaiser nach Riga kam", heißt es in einem vor mir
liegenden alten Erinnerungsblatte, „erwartete Laurenty
ihn mit einem Gedichte an der Alexanderpforte, welche
die Stadt nach der Niederwerfung Napoleons erbaut
hatte. Wehenden Haares mit einem uns Schülern seit
unvordenklicher Zeit bekannten, wie aus Holz ge-
schnittenen schwarzen Frack bekleidet, stand er da, —
eine wahre Jammergestalt. Der Kaiser tolerirte diesen
ehrlich gemeinten von ganz Riga getheilten Enthu-
siasmus und Laurenty ließ es sich nicht nehmen, den
geliebten Monarchen immer wieder in lateinischen
und deutschen Oden als „amor et deliciae generis
humani" zu feiern — eine Treue, die dadurch

belohnt wurde, daß der Kaiser schließlich die Pathen-
schaft eines dem beglückten Dichter geborenen Sohnes
übernahm."

Da ein Mal auf die zwanziger Jahre dieses Jahrhunderts und auf das Gedenkblatt die Rede gekommen
ist, das an des alten Laurenty Kaiser-Oden erinnert, so
sei mir gestattet, aus demselben die nachstehende, auf
denselben Zeitabschnitt bezügliche Notiz hinzuzufügen.

„Zu jener Zeit erblickte man täglich auf der Sandstraße Schlag 12 Uhr ein stattliches, wohlaufgezäumtes
weißes Pferd. Aus der meinem Elternhause benachbarten Hausthür trat ein rüstiger Greis; immer im
blauen Frack mit Metallknöpfen, eine weiße französische
Jockeymütze auf dem Kopfe, die Reitgerte in der Hand
und mit Stiefeln à l'ecuyère; er schwang sich mit An-
stand auf das Pferd und ritt bis zur Alexanderpforte in
die St. Petersburger Vorstadt.

Wenn er zurückkam, sagten die Leute in der Stadt
„es muß halb zwei Uhr sein, — Laroche ist zurück". Laroche
war Liqueurfabrikant und ein von der großen Revolution
vertriebener Emigrant, der nach Riga gekommen war,
wo sein Geschäft in stiller Blüthe stand. Der berühmte
Rigasche Kümmel war zuerst von ihm in höherer Potenz
destillirt worden. Die einzige lebendige Seele, der man
außer ihm selbst in dem Schlauch seines Hofs begegnete

war Laroches Diener Fréderic, der ihm im Geschäfte zur
Hand ging, den Schimmel vorführte, den Steigbügel
hielt und dabei freundlich zu mir herübergrüßte. Ging
der Vater bei Laroches Hause vorüber und dieser stand
in der Thür, so fand eine beiderseitig sehr ceremoniöse
Begrüßung statt, bei welcher einige Worte gewechselt
wurden. „Wer mag er nur sein der Laroche?" fragte
ich mich dann. Mir streichelte er zuweilen das Kinn,
indem er, immer in demselben Tone sagte: „Toujours ein
gutes Kind sein und bon voisin." In seiner Wohnung
ließ er mir ein Mal durch Fréderic auf einem mit einem
mächtigen Wappen verzierten silbernen Brett, ein Gläschen
reichen, in welchem Goldblättchen schwammen. „C'est
Dancie!" — ich durfte aber Nichts nehmen, weil der
Vater es verboten hatte.

Eines Abends kam Fréderic mit einem Billet an
den Vater zu uns herüber. „Laroche ist krank", sagte
der Vater, „geh' an meinen Bücherschrank; da steht der
Voltaire, wähle le siècle de Louis XIV.! So viel
französisch wirst Du wohl lesen können; gieb das Buch
dem Boten und laß' den alten Herrn grüßen."

Es dauerte nicht lange, da streuten sie Sand mit
gehackten Tannenzweigen, sog. Schujen auf die Straße.
Auf einen mit vier Pferden bespannten Leichenwagen
wurde ein Sarg gehoben, hinter welchem Fréderic ganz
allein weinend herging; bevor sie den Sarg aufbahrten

war aber ein Adjutant des General-Gouverneurs Marquis Paulucci in das Haus gekommen. Laroche war gestorben! Als ich den Vater fragte, warum der Leichenwagen mit vier Pferden bespannt war und wie es zugegangen, daß ein Adjutant des Marquis in das Haus gekommen, sagte der Vater: „Laroche war ein Graf Larochejacquelin und wird es wohl angeordnet haben. Fréderic ist sein einziger Erbe." Als ich fragte, was das wäre, lautete die Antwort, ich würde das später ein Mal verstehen.

Kein Auge in Riga hatte Laroche anders erblickt als zu Pferde oder in seinem Geschäft!

Transeunt."

# IX.

## Drei alt-livländische Kriminalgeschichten.

––––––

Heute so gut wie vergessen, spielten in der liv- und estländischen Landestradition der vierziger Jahre neben zahlreichen, mehr als fragwürdigen Schauergeschichten aus der Zeit der Leibeigenschaft, zwei um die Wende des Jahrhunderts verhandelte große Kriminal-Processe eine erhebliche Rolle. An dem Theetisch meines Großvaters habe ich derselben zuerst Erwähnung thun hören, — ausführlichere, wenn auch vielleicht nicht ganz zuverlässige Kunde von dem falschen Leuchtthurm von Hohenholm auf Dagö und von der geheimnißvollen Stahlfabrik bei Reval erst viele Jahre später aus Petris „Neuestem Gemälde von Lief- und Estland" (Leipzig 1809) erhalten.

Das Petrische Buch gehört einem, heute abgestorbenen, aber seiner Zeit nicht unwichtig gewesenen Zweige unserer heimischen Literatur an: der Anklage- und Entrüstungs-

Literatur, welche den Jammer der Agrarzustände Liv= und
Estlands zum Gegenstande hatten und zu deren Haupt=
vertretern Eisen v. Schwarzenberg, Jannau und Merkel
gehörten. In ihre Fußstapfen traten der um einige Jahre
jüngere, ebenso fruchtbare wie parteiische und unkritische
Johann Christoph Petri (von 1788—1800 Hauslehrer in
Estland) und in gewissem Sinne auch Christian Karl Ludwig
Klee, Verfasser der lesenswerthen und im Grunde harm=
losen „Pilgerschaft durch Land und Leben" und gleichfalls
Hauslehrer und agrarischer Projectenmacher in Estland. —
Petri hat die Dagöer Leuchtthurmsgeschichte zwei Mal
verarbeitet, in dem erwähnten Gemälde und in den 1807 er=
schienenen „Merkwürdigen Memoiren des Grafen U—st—g,
eines der Jetztwelt größten und merkwürdigen Verbrechers",
einer Art Roman, die nach Form und Inhalt zu dem
Geistlosesten und Erbärmlichsten gehört, das mir jemals
zu Gesichte gekommen *) ist. Zu der Isolirung, in welche
unser, noch vor hundert Jahren mit Deutschland vielfach
verbunden gewesenes Vaterland gerathen ist, haben diese
Schriften nicht unerheblich beigetragen, weil sie die bal=
tischen Zustände ausschließlich nach ihren Schattenseiten
beurtheilten und eine große Zahl falscher, mindestens
schiefer Urtheile in Umlauf setzten und denselben Ton

---

*) Petris Autorschaft wird in den Beisesch*e*n Nachträgen zum
Schriftstellerlexikon B. II. p. 117 behauptet. — Der Styl sieht dem
des „Gemäldes" in der That ähnlich.

Erzählungen c. Großv.                                    7

anschlugen, der sechzig Jahre später von den Verfassern der
„gelben" und der „rothen" Brochüre (wahrscheinlich sind
auch diese einst vielgenannten Bücher inzwischen in Ver=
gessenheit gerathen) beliebt wurde. In Bezug auf Zuver=
lässigkeit, Solidität und Vollständigkeit der sachlichen In=
formation steht diese, schon wegen ihrer halb sentimentalen,
halb philisterhaft=rationalistischen Darstellungs= und Auf=
fassungsweise schwer genießbare Literatur tief unter der=
jenigen der Hupel=Gadebusch'schen Periode, — ein Um=
stand, der zu ihrer Kurzlebigkeit und Vergessenheit erheb=
lich beigetragen haben mag.

Der Hauptinhalt der Dagöer Geschichte ist wohl
noch heute bekannt. Wer hätte nicht wenigstens gelegent=
lich von dem historisch gewordenen, schließlich sogar in
eine Nieritzsche Kindererzählung verarbeiteten falschen
Leuchtthurm gehört, den ein verbrecherischer Gutsherr
hatte errichten lassen, um die vorüberfahrenden Schiffe
zum Scheitern zu bringen und sodann an denselben
„Strandrecht" zu üben? So mächtig und gefürchtet war
dieser insulare Feudalherr gewesen, daß man ihn, um
seiner überhaupt habhaft zu werden, mit List nach Hapsal
gelockt und erst dort in Verhaft zu nehmen gewagt hatte.
— Sehr viel mehr als diese Allgemeinheiten weiß auch
Petri, trotz der vielen Worte, die er über die Sache
macht, nicht zu berichten. Wir erfahren von ihm nur
noch, daß der Proceß während der ersten Regierungsjahre

Kaiser Alexanders I. beim Revalschen Oberlandgerichte
zum Austrag kam, daß der Gutsherr von Hohen=
holm der Erschießung eines Schiffers, der Ermordung
seines eigenen Sohnes und zahlreicher anderer Verbrechen
angeschuldigt wurde, daß er (als vollendeter Heuchler) zu
Dagö hatte eine steinerne Kirche bauen und durch den
Propst Glanström im Jahre 1802 feierlich einweihen
lassen und daß der Richterspruch ihn des Adels verlustig
sprach und auf Lebenszeit in die Quecksilber= und Blei=
werke von Nertschinsk verbannte, wo er sein Leben be=
schlossen hat. Unbegreiflicher Weise lassen die „Merk=
würdigen Memoiren" den Verurtheilten seine Unschuld
behaupten und die ganze Sache einem geheimnißvollen
Zweige des Freimaurer=Ordens aufbürden, dem er während
einer Reise nach Italien beigetreten sein will. Daß diese
letzteren Angaben bloße Erfindungen und zwar Erfin=
dungen der abgeschmacktesten Art sind, lehrt jeder Blick
in das abgeschmackte Buch, das diesen merkwürdigen, der
eingehendsten geschichtlichen Darstellung würdigen Stoff,
zu einer bloßen Farce verzerrt hat.

Minder grausenhaft, aber ebenso merkwürdig ist die
andere Geschichte. In den neunziger Jahren des vorigen
Jahrhunderts (Petri nennt das Jahr 1794) hatte sich ein
nach Esthland eingewanderter Abenteurer Baron G. die
Erlaubniß erworben, auf einem in der Nähe Revals (nach
einer andern Version in der Umgegend Narvas) belegenen

Gute eine Fabrik anlegen zu dürfen, in welcher Eisen in englischen Stahl verwandelt werden sollte. Der Unternehmer behauptete, das Geheimniß dieser Fabrikation für einen ungeheuren Preis gekauft zu haben und hatte sich unter Berufung auf diesen Umstand die Erlaubniß erwirkt, sämmtliche, in seiner Anstalt beschäftigte Handwerker und Arbeiter auf ewiges Stillschweigen über die Art des Betriebes vereidigen zu lassen. Das Geschäft schien glänzend zu gehen und der liebenswürdige, auf großem Fuße lebende Herr von G. war bei sämmtlichen Nachbarn gern gesehen. Gegenstand der Verwunderung war und blieb aber, daß dieser wunderliche Fabrikant sich bei der Uebernahme von Bestellungen außerordentlich schwierig erwies und daß er dieselben, unter Berufung auf große und dringende Lieferungen nach Petersburg, in der Mehrzahl der Fälle ablehnte oder unausgeführt ließ. Nachdem die Sache längere Zeit gespielt hatte, wurde der Regierung verrathen, daß in der G.'schen Fabrik nicht sowohl Stahl als falsches Papiergeld und zwar in ungeheuren Quantitäten verfertigt worden sei. Die angestellte Untersuchung erwies, daß Herr von G. an der Spitze einer großen, über Mitau nach Polen und Litauen verzweigten und bis nach Wien reichenden Fälscherbande stand, die ihr Geschäft in großartigem Maßstabe mit kaufmännischer Präcision betrieben und hunderte von Menschen Jahre lang regelmäßig beschäftigt hatte. Als G.'s Hauptgenossen wird ein Dr. Allee bezeichnet, der die Umwechslung der Noten in Metallgeld besorgte und in Mitau ergriffen wurde, als er eben tausend Rubel in Gold umsetzen wollte. — Nach mehrjähriger, für zahlreiche hochgestellte Personen höchst compromit= tirender Untersuchung wurden Herr von G. und seine Helfershelfer unter Verlust aller Standesrechte als Zücht= linge nach Nertschinsk in die Bergwerke versendet, — dann aber wuchs Gras über die Sache, die ihrer Zeit das größte Aufsehen erregt und nicht nur in unserem Lande, sondern im gesammten östlichen Europa das all= gemeine Gespräch gebildet hatte. Um den Verbleib von G.'s zahlreicher Familie hat sich Niemand gekümmert.

Etwa dreißig Jahre nach Beendigung dieses Pro= cesses reiste ein Verwandter von mir mit unserem alten Nachbarn, dem Kirchenvorsteher S., auf gemeinschaftliche Kosten nach Pernau. Auf einer in der Nähe dieser Stadt belegenen Station wurde Abends der Thee eingenommen, als ein gleichfalls auf der Durchreise begriffener älterer Mann, der während der Abendmahlzeit am Fenster der Passagierstube gestanden, plötzlich auf den alten S. zutrat und ihn als seinen Jugendfreund Baron G. freudig be= grüßte. S.'s Behauptung, daß er weder ein Bekannter des Reisenden, noch ein Baron, sondern der bürgerliche Kirchenvorsteher S. aus —hof sei, half nichts, und schließ= lich traten die beiden alten Herren in ein Nebenzimmer, wo ein kurzes, von Niemandem gehörtes Gespräch zwischen

ihnen stattfand. Auf der Weiterreise theilte Herr S.
meinem Verwandten mit, daß er in der That eigentlich
ein Baron G. sei, diesen Namen indessen mit Erlaubniß
der Regierung abgelegt habe, weil derselbe „entehrt" worden
sei. Mein Verwandter, dem die Narvasche Fälschergeschichte
niemals bekannt gewesen war, fragte natürlich nicht weiter,
sondern versprach Stillschweigen bis zum Tode S.'s. Als
dieser und seine Brüder verstorben waren, that er der
Sache gelegentlich einmal Erwähnung.

Diese merkwürdige Begegnung hatte während meiner
Kindheit, gegen das Ende der dreißiger, oder zu Anfang
der vierziger Jahre, stattgefunden. Etwa ein Vierteljahr=
hundert später, im Jahre 1864, lernte ich auf einer Eisen=
bahnfahrt zwischen Petersburg und Dünaburg zufällig
einen höchst liebenswürdigen jungen Polen kennen, mit
dem ich während des vielstündigen, unter vier Augen ver=
brachten Aufenthalts im Coupé so genau bekannt wurde,
daß er mir seinen Namen und seine Lebensgeschichte be=
richtete. Er hieß S. und war der Sohn eines 1830 nach
Polen gekommenen russischen Officiers, der daselbst ge=
heirathet hatte und jung verstorben war. Sein Sohn,
mein neuer Bekannter wollte die Tochter eines Nach=
barn heirathen, — dieser Nachbar aber hatte an dem
Namen des jungen Mannes Anstoß genommen und
demselben aus diesem Grunde Schwierigkeiten gemacht.
Nun wußte die Mutter meines neuen Bekannten, ihr

verstorbener Mann habe ihr in einer vertrauten Stunde erzählt, er und seine beiden in Livland und Petersburg lebenden Brüder seien eigentlich Barone, hätten ihren wahren Namen aber abgelegt. Um diesen Namen zu erfahren, und wenn möglich wieder anzunehmen, war der junge Mann nach Petersburg gereist, indessen unver= richteter Sache zurückgekehrt, da man ihm gesagt hatte, beide Brüder seines Vaters seien gestorben. — Wer be= schreibt das Erstaunen meines Interlocutors, als ich fragte, ob der eine seiner Onkel nicht in —hof gelebt habe und dann hinzufügte, solchen Falls würde ich das Räthsel lösen können! Von mir, dem völlig Unbekannten, erfuhr der Pole die Bestätigung der unklaren Mittheilungen seiner Mutter und einige Wochen später, als ich mich zu Hause orientirt und meinen Verwandten gesprochen hatte, den wahren Namen seiner Familie!

Den vorliegenden Abschnitt aus der Geschichte meiner Jugenderinnerungen kann ich nicht beschließen, ohne einer dritten livländischen Kriminalgeschichte Erwähnung zu thun, die mir nach Ort, Zeit und speciellen Verhältnissen ungleich näher lag als die beiden, einer halb fabel= haft gewordenen Zeit angehörigen Vorgänge, von denen eben die Rede war. Diese Geschichte hatte sich kaum zehn Jahre vor meiner Geburt, unweit meines Geburts= ortes und unter Umständen zugetragen, von denen ich mir, — weil sie ziemlich lange fortdauerten — eine deut=

liche Vorſtellung machen konnte. An dem Schauplatz des Verbrechens habe ich als Knabe oft Tage lang verweilt und von den Perſonen, die durch daſſelbe betroffen worden waren, mehrere genau gekannt. Mein Großvater hatte bei der Unterſuchung mitgewirkt und Berichte, die ſich auf die Sache bezogen, ſind in meiner Gegenwart ſo häufig erſtattet worden, daß ich mich auf viele Einzelheiten noch lebhaft beſinnen kann. Zum Ueberfluß iſt mir dieſer Tage der zweite Band der Wolffeldtſchen „Mittheilungen" in die Hände gefallen, der eine actenmäßige Darſtellung dieſes Meuchelmordes enthält.

Abſeit der Heerſtraße, rings von Wäldern umgeben, lag gegen das Ende der zwanziger Jahre ein livländiſches Landgut, wie es deren heute wohl nur noch wenige giebt. Das Herrenhaus beſtand aus einem niedrigen, langgeſtreckten und (wenn ich nicht irre) mit Schindeln bedeckten, hölzernen, ſeitdem längſt von der Erde verſchwundenen Gebäude, — an welches ſich ein großer, zur Hälfte mit Gemüſe und Küchenkräutern bepflanzter Garten lehnte. Zum Hofe gehörten außerdem nur die landesübliche, vielleicht noch jetzt vorhandene Herberge, ein paar Wirthſchaftsgebäude und ein großes Hundehaus, aus welchem das für ein Jägerohr melodiſch, für andere Ohren ziemlich ungefällig klingende Geheul der wackern Rüden früh und ſpät er= ſcholl. Der Wald — kein modernes Luſtwäldchen, ſondern der ächte, düſtere alt=livländiſche Föhrenwald — ragte

bis in den Hof hinein und wenn seine Bewohner sich ein
Mal bis in die nächste Nähe menschlicher Wohnungen
verirrten, so nahm das die Insassen ebenso wenig Wunder,
als wenn ein Schuß fiel. Jagd war von Alters her die
Devise dieser Insassen gewesen, die die männlichste und
naturfrischeste aller Vergnügungen, mit der Freude, Sicher=
heit und Unermüdlichkeit wahrhafter Künstler betrieben
und als Schützen, Parforcejäger, Reiter und Kenner des
Waldes weit und breit ihres Gleichen suchten. Kein Ton
war ihnen so lieb und so vertraut, wie derjenige des Jagd=
horns, keine Art der Geselligkeit so geläufig, wie die waid=
männische, — keine andern Vergleichungen lagen ihnen
so nahe, wie diejenigen mit den Leiden und Freuden des
edlen Handwerks, das nach Goethes klassischem Ausspruch
„ja .immer ein kleiner Krieg bleibt". Länger als zwanzig
Jahre ist es nicht her, daß der liebe, verstorbene Herr
dieses Wald= und Jagdgutes mir, als er mich in einem
Rigaer Kaffeehause im Kreise von Freunden traf, die
Frage vorlegte: „Hier habt Ihr wohl Euren Wechsel"
(die Stelle an der die Wildspuren sich kreuzen). Wie oft
habe ich an dem Fenster des „großen Zimmers" gestanden
und in die melancholische Landschaft hinausgesehen, deren
Vorder= und Hintergrund Wald und immer Wald bildete,
— derselbe Wald, in dessen Mitte sich der unvergleich=
liche Waldschnepfenstand befand, der im Frühjahr all=
abendlich „vor dem Thee" aufgesucht und selten ohne gute
Beute verlassen wurde — derselbe Wald, in welchem ich

später meine ersten Reiterkünste versuchte (ich stürzte an
einem Nachmittage zwei Mal vom Pferde) und aus dessen
Mitte mancher fröhliche Schuß, manches kräftige „Hallet'
zu dem Fenster hinüberscholl, an welches ich mich schauernd
gedrängt hatte.

Dieses Fenster war — wie ich schon damals
wußte, — zu Ende der zwanziger Jahre der Schauplatz
eines düstern Verbrechens gewesen.

In dem alten Hause waltete zu dem bezeichneten
Zeitpunkte schlecht und recht der verabschiedete Kapitän
Y., ein livländischer Edelmann vom alten Schlage und
als solcher ein gewaltiger Jäger vor dem Herrn, mit
seiner Frau und seinen beiden Töchtern. Um die eine
dieser Damen hatte ein benachbarter Vetter Herr Georg Y.
geworben, ein Mann, der als Jäger und Schütze des
besten, als Mensch eines sehr viel schlechteren Rufs genoß
und dem der alte Herr aus diesem Grunde eine Ab=
weisung hatte zu Theil werden lassen. Als diese Abweisung
nicht fruchten wollte, war es zu einem heftigen Auftritt
gekommen, der damit endete, daß der Kapitän den Vetter
„mit dem zweiten und dritten Finger der linken Hand"
an dem Kragen faßte und zur Thür hinausführte, — die
in dergleichen Fällen übliche „Treppe" war in dem niedrig
belegenen Hause nicht vorhanden gewesen. Mit der
Drohung „So wahr ich Y. heiße, diese Finger sollst Du

nicht behalten" hatte der zürnende Vetter sich entfernt, um vorläufig nicht mehr wieder zu kommen.

Das war um die Pfingstzeit geschehen, auf den Frühling der Sommer, auf den Sommer der Herbst (oder, um in der Sprache des Ortes zu reden), die Zeit der wiedereröffneten Jagd gefolgt, ohne daß sich irgend Etwas von Bedeutung begeben hätte. Wie alle Jahr „ging man auf Feld= und Birkhühner" und schoß man einzelne besonders zudringliche Hasen „vor dem Hunde", um zu der eigentlichen Festzeit des Jahres, der nach Be= endigung des Kornschnittes beginnenden Periode der Hetz= und Parforce=Jagden zu rüsten. — Mit Vorbereitungen solcher Art und mit ihm zur Gewohnheit gewordenen Drechslerarbeiten beschäftigt, saß der Kapitän an einem dunklen September=Abende (dem 27. September des Jahres 182*) allein zu Hause, in der Nähe des seiner Drechsler= bank gegenüberliegenden, oben erwähnten Fensters; die Damen hatten einen Besuch in der Nachbarschaft unter= nommen, die Dienstboten den Auftrag erhalten, dem Herrn die gewohnte Abendmahlzeit zu bereiten, zu welcher derselbe sich pünktlich und ohne daß man ihn zu laden brauchte, einzufinden pflegte. Als er zur gewohnten Stunde nicht erschien, suchte die Wirthschafterin ihren Herrn an der gewohnten Stelle auf: sie fand ihn — aber todt! Aus einer Wunde der linken Brust blutend und

mit zerschmetterten Gelenken des zweiten und des dritten
Fingers der linken Hand, — in der rechten die erloschene
Kerze haltend, die ihm zu seiner letzten Arbeit geleuchtet
hatte, lag der Kapitän in halbkniender Stellung zwischen
Wand und Drechselbank entseelt da; auf dem Fußboden
fand sich die ungewöhnlich große Kugel, die seinem Leben
ein Ende gemacht hatte — die untere Scheibe des Fensters
zeigte einen eingedrückten Stern und auf der Fensterbank
fand man einen frischausgeschossenen Wergpropfen. Kein
Zweifel, daß ein durch das Fenster gefallener Schuß die
Todesursache gewesen war. Etwa eine halbe Stunde vor
der Entdeckung hatte man in der Nähe des verhängniß=
vollen Fensters scharf schießen gehört, — zu welcher
Tagesstunde aber wäre auf Yhof nicht geschossen worden
und wer hätte auf ein so gewöhnliches Vorkommniß Acht
geben und dabei etwas Anderes denken sollen, als daß
der alte Herr in gewohnter Weise eines seiner selbst aus=
gebesserten Gewehre vom Fenster aus probirt habe!

Wer war der Mörder? Der Verstorbene war ein
etwas rauher, aber gutartiger Mann gewesen, der mit
der Welt in Frieden lebte; das Gut hatte er seit längerer
Zeit verpachtet und schon aus diesem Grunde keine Ver=
anlassung zu Conflikten mit seinen Leuten gehabt. Der
einzige mögliche Verdacht richtete sich gegen den Busch=
wächter Behrsing, den vieljährigen und wegen der Leiden=
schaftlichkeit seiner waidmännischen Lust bekannten Jagd=

Gefährten und Piqueur des Verstorbenen, dem derselbe — kurze Zeit vor der Katastrophe — wegen eines Holz- oder Wilddiebstahls hatte kündigen und das Gewehr abnehmen lassen. An den Ernst dieser Kündigung hatte indessen Niemand geglaubt, da Behrsing ein Meister seines Handwerks war und da man ihn außerdem für einen, wenn auch nicht streng ehr- lichen, so doch gutartigen und seinem Herrn aufrichtig er- gebenen Kerl hielt. Zwei außerordentliche Umstände schienen den aufgetauchten Verdacht indessen zu bestätigen: man hatte bei Behrsing eine heimlich aufbewahrte Flinte gefunden und er war der Träger einer unglaublich klingenden und höchst auffallenden Botschaft gewesen. Unter den zur Condolation erschienenen Verwandten hatte sich (am 3. Oc- tober desselben Jahres) auch Vetter Georg befunden, in- dessen bald wieder Abschied genommen, weil die Wittwe des Kapitäns bei seinem Anblick in Krämpfe gefallen war und in diesem Zustande Dinge gesagt hatte, die wie Ver- dacht klangen. Am Abende dieses Tages erschien Behrsing bei der Wittwe und erzählte, in der Nähe des Hofes sei ihm Herr Georg begegnet, habe halten lassen und habe ihn (B.) beauftragt, auf den Hof zu gehen und der gnädigen Frau zu sagen: „er (G.) habe den alten Herrn erschossen!"

Behrsing wurde in Verhaft genommen, aber sehr bald wieder entlassen. Er konnte durch nicht weniger als vier völlig glaubwürdige Zeugen beweisen, daß er den Abend

des 27. September in einem benachbarten Kruge zuge=
bracht habe, — er hatte nur ein Gewehr im Besitz und
dieses war von viel zu kleinem Kaliber, um mit der
mörderischen Kugel geladen gewesen zu sein und er war
endlich ein zu offener und aufgeweckter Mensch, als daß
man ihm hätte zutrauen können, er würde — wenn
er sich schuldig gefühlt hätte — eine so thörichte An=
gabe, wie die in Rede stehende proprio motu machen.
Außerdem wurde bekannt, daß zwei Hof=
mägde einen völlig fremden, halb bäuerisch
gekleideten, aber herrschaftlich aussehenden
Mann, der eine Flinte trug, am Abende des
27. September in mächtigen Sprüngen vom
Herrenhause her hatten laufen sehen!
Jetzt nahm die Untersuchung einen andern Gang —
sie richtete sich gegen den Vetter Georg, den man für
den fremden Jäger hielt und bei dem sich Fetzen eines
zu der Beschreibung der Mägde stimmenden Anzuges,
sowie eine (entliehene und dann wieder zurückgegebene)
Flinte mit dem entsprechenden Kaliber fanden, und der
sich außerdem in den letzten Septembertagen hatte Haar
und Bart stutzen lassen. Ein concludenter Beweis konnte
indessen nicht geführt werden. Da die einschlägige Unter=
suchung ziemlich spät begonnen worden und der Angeklagte
auf freiem Fuß verblieben war, wußte er Zeugen aus=
findig zu machen, die den gesammten 27. September über

mit ihm auf der Otternjagd gewesen sein wollten; außer=
dem vermochten die beiden Mägde und andere Zeugen,
die den auffallend gekleideten fremden Jäger in der Nähe
von Ahof gesehen hatten, nicht mit v ö l l i g e r Gewißheit
auszusagen, daß dieser Jäger Herr Georg A). gewesen sei.
Der Angeklagte leistete den Reinigungseid und wurde
freigelassen. Er verließ Livland, nahm Kriegsdienste
und wurde nie wieder in seiner Heimath gesehen.

Viele Jahre später hörte ich das Folgende erzählen:
Georg A). war nach seiner Freisprechung in die
russische Armee getreten, die damals den berühmten Feld=
zug über den Balkan (unter der Führung des Grafen
Diebitsch) unternahm. Während dieses Feldzuges soll
A). auf einem einsamen, für halb verloren angesehenen Posten
mit einem Landsmanne (der Name wurde genannt) zu=
sammengetroffen und von diesem unter Hinweis darauf,
daß sie voraussichtlich alle Beide das alte Land nie
wieder sehen würden, — nach der Sache gefragt worden
sein. Da habe Georg A). gestanden, daß er in der That
der Mörder seines Verwandten gewesen sei, a b e r n i c h t
a b s i c h t l i c h: er habe — um sein Wort zu halten, —
dem Kapitän nur die beiden Finger abschießen wollen,
mit welchen dieser ihn an dem Kragen gefaßt und zur
Thür hinausgeführt hatte. In dem entscheidenden Augen=
blick habe der alte Herr die Stellung seines Körpers

plötzlich verändert und dadurch die Kugel in die Brust
bekommen . . . . . . . .

Ob das wahr ist, weiß ich nicht, — unwahrscheinlich
klingt es nicht. Von Personen, die den Verhältnissen
näher standen, ist vielfach angenommen worden, die
„Otternjagd" habe nicht am 27., sondern am 26. Sep=
tember stattgefunden und Georg Y). als unvergleichlicher
Fußgänger und findiger Jäger den weiten, nach ge=
wöhnlicher Rechnung mehrtägige Märsche in Anspruch
nehmenden Weg von seinem Aufenthaltsorte zum Gute
Y). mit Aufgebot aller seiner Kräfte und unter Benutzung
nur ihm bekannter Waldwege, an einem Tage zurück=
gelegt.

# X

# Petersburg im erſten Jahrzehnt unſeres Jahrhunderts.

Der lebhafte Antheil, welchen Rußland an den deutſch-franzöſiſchen Kriegen der Conſulats- und der erſten Kaiſerzeit genommen hatte, erklärt ſattſam, warum der corſiſche Eroberer lange vor der Kataſtrophe von 1812 in unſeren Provinzen ebenſo verhaßt war, wie in den von jenen Kämpfen direct betroffenen Theilen Europas. Die erſten directen Berührungen mit den Ereigniſſen, welche von Paris aus die Welt durchzitterten, hatte man durch die ziemlich zahlreich nach Riga und Mitau gekommenen franzöſiſchen Emigranten*) und durch den

---

*) Außer dem in den Deſtillateur Laroche verwandelten Grafen Larochejacquelin lebte noch ein anderer vornehmer franzöſiſcher Herr (ich glaube mein Großvater bezeichnete denſelben als Grafen St. Simon) in Riga, der ſich davon ernährte, daß er aus Tuchſtreifen Schuhe flocht.

bekannten Umſtand gehabt, daß der Graf von Lille (ſo
nannte der ſpätere Ludwig XVIII. ſich während ſeiner
Exiljahre) in den Jahren 1799—1803 und 1805 bis
1807 im alten herzoglichen Schloß zu Mitau reſidirte
und eine Anzahl vornehmer Franzoſen nach ſich zog *).
Mit dem Haß gegen Napoleon und mit der Intimität,
die den Kaiſer Alexander I. dem preußiſchen Königs=
hauſe verband, hing es zuſammen, daß Friedrich Wilhelm III.
und die Königin Louiſe, als ſie im Jahre 1808 einer
kaiſerlichen Einladung an die Newa Folge leiſteten, in
Riga und Mitau mit Auszeichnungen aller Art über=
ſchüttet wurden: ſah man in dieſem, dem Kaiſer eng be=
freundeten Fürſtenpaare doch beſonders ſchwer heimge=
ſuchte Opfer des franzöſiſchen Despotismus! Daß Alexander

---

*) Noch vor wenigen Jahren gab es in Mitau Perſonen, die
ſich deſſen erinnerten, daß im großen Saale des Mitauer Schloſſes
die Hochzeit des Herzogs von Angoulême (Sohnes des ſpäteren
Karl X.) mit der im Temple erzogenen Tochter Ludwigs XVI. ge=
feiert wurde (10. Juni 1799). Auf dem Mitauer Kirchhof liegt
der Abbé Edgeworth begraben, der Ludwig XVI. auf das Schaffot
begleitet hatte. — Von der Unfähigkeit der emigrirten Franzoſen,
ſich in die baltiſchen Verhältniſſe zu finden, erzählt Bernhardi
in ſeiner „Geſchichte Rußlands“ (II, 2 p. 855) das folgende ergöß=
liche Beiſpiel. Ein franzöſiſcher Cavalier hatte „pour la rareté
du fait“ das Rigaer Theater beſucht und erſtattete darüber den
folgenden Bericht: „La salle n'est pas grande mais assez gentille
et le public paraissait très-bien composé; il y avait dans les
loges des femmes charmantes et des toilettes très convenables.
La toile se lève, un acteur parait — figurez-vous que ce
drôle parle allemand!“

feinen Gäften eine Abtheilung Chevalier=Garde an die
Reichsgrenze entgegengefandt hatte, und daß diefe Elite=
Truppe den königlichen Wagen bei feinem Einzuge in
die Thore Rigas begleitete, ließ überdies von vornherein
erkennen, wie der Monarch die fchönfte Frau des da=
maligen Europa und feinen fchwergeprüften Freund, den
König, empfangen fehen wollte!

Riga gab den hohen Gäften einen glänzenden Ball
auf der Muße (Ende December 1808) und mein Groß=
vater, der damals das Amt eines Vorftehers diefer Ge=
fellfchaft bekleidete, hatte die Ehre, an der Unterhaltung
Ihrer Majeftäten direct Antheil nehmen zu dürfen.
Während die in dem dreifachen Zauber der Schönheit,
der Jugend und der Liebenswürdigkeit ftrahlende junge
Königin am Tanze Theil nahm, ftand mein Großvater
hinter ihrem Stuhle. Den einzigen, von ihm direct er=
betenen Dienft konnte er der fchönen Fürftin zu feinem
Bedauern nicht leiften: Die Königin bat ihn um ein Glas
kühlen Weißbieres und ein folches war in dem reich be=
fetzten Keller der „Muße" nicht aufzutreiben, da die
„kühle Blonde" auf Berlin befchränkt geblieben, das Bier
überhaupt noch nicht falonfähig geworden war. Ihre
Majeftät mußte mit dem Glafe Champagner fürlieb nehmen,
das ihr kredenzt wurde. — Bei Tifch wurde mein Groß=
vater einer längeren Unterredung mit Friedrich Wilhelm III.
gewürdigt, der nach verfchiedenen Rigaer Einrichtungen,

8*

dem Stande des Handels u. f. w. fragte, feinen Inter-
locutor aber dadurch in Verlegenheit fetzte, daß er feine
Fragen in fchwerverftändlichen, rafch ausgeftoßenen In-
finitiven ftellte und dabei die Hand vor dem Munde hielt,
um mit feinem kurz abgefchnittenen Schnurrbart zu fpielen.
Diefer Schnurrbart erregte (beiläufig bemerkt) in Riga
ebenfo viel Auffehen, wie wenige Jahre früher an dem
Hof- und Kriegslager Napoleons, da die Sitte der Zeit
von hochgeftellten Perfonen ein glattrafirtes Geficht verlangte und höchftens ein befcheidener, kurz gehaltener
Backenbart für erlaubt galt: Schnurrbärte wurden außerhalb Preußens allein von Untermilitärs getragen — ein
Gebrauch, der fich noch lange erhielt und zeitweilig auch
in Preußen die Oberhand hatte.   Yorck, Scharnhorft,
Kleift und Gneifenau haben ebenfo wenig Schnurrbärte
getragen wie Barclay und Bennigfen oder die zeit-
genöffifchen Feldherren Englands und Frankreichs.   Allgemein ift die Sitte, den Bart ftehen zu laffen, erft in
neuerer und in neuefter Zeit geworden.   Für Deutfch-
land haben die Jahre 1848 und 1849 auch in diefer
Hinficht Epoche gemacht, — in England waren andere
als Backenbärte bis zum Krimkriege verpönt und in Liv-,
Eft- und Kurland trugen bis zum Beginn der Regierung
Kaifer Alexanders II. eigentlich nur Edelleute Schnurr-
und Vollbärte; Civilbeamten waren diefelben bis zum Ende
der fünfziger Jahre verboten.

Während des auf den Beſuch des preußiſchen Königs-
paares folgenden Winters (oder das Jahr vorher) führten
Geſchäfte meinen Großvater zum erſten und letzten Male
in ſeinem Leben nach Petersburg. An ſeine Schilderung
dieſer damals noch im Aufſtreben begriffenen, kaum
90 Jahre alten Stadt bin ich lebhaft erinnert worden, als
ich in den vor einigen Jahren veröffentlichten Memoiren
Przewalskis den Ausſpruch eines zu Anfang des Jahrhunderts nach Petersburg gekommenen perſiſchen Prinzen
las: „die ruſſiſche Reſidenz werde eine recht ſchöne Stadt
ſein, wenn ihr vollſtändiger Umbau erſt beendigt worden.“
Jahrzehnte lang waren in den verſchiedenſten Stadttheilen
Umbauten im Gange, die dem Ganzen den Stempel des
Unfertigen aufprägten. Dieſer Eindruck der Unfertigkeit
wurde dadurch erhöht, daß in Mitten der Stadt große
und umfangreiche Plätze, ja ganze Gegenden wüſt lagen.
Wenn man in Betracht zieht, daß das dem Winterpalais
benachbarte Generalſtabs-Gebäude, die mächtige Iſaaks-
kathedrale, das Michailowſche Palais u. ſ. w. erſt erheblich ſpäter entſtanden ſind und daß die Façaden der
vorhandenen größeren Gebäude faſt alle in demſelben
Styl erbaut und decorirt waren (mächtige, mit dem bekannten „Kronsgelb“ angeſtrichene Mauerflächen mit weiß
gegypſten Säulen und Frieſen), ſo wird man ſich vor-
ſtellen können, daß die heute ſo glänzende Newaſtadt vor
achtzig Jahren keinen eigentlich impoſanten Eindruck machte.

Selbst die berühmte „Perspective" (Newski-Prospect) war nur ein Schatten von dem, was sie gegenwärtig ist. Von dem Platz der (damals noch im Bau begriffenen) Kasanischen Kirche bis zum Anitschkow-Palais war das Trottoir mit kleinen, elend aussehenden Lindenbäumen bepflanzt, die immer wieder eingingen; wandte man die Blicke von dieser Hauptstraße in die Richtung des heutigen Michai= lowschen Palais, so gewahrte man eine ungeheure Einöde, auf welcher der Schutt und Kehricht der halben Stadt abgelagert wurde; allenthalben standen neben mächtigen Steinbauten unvermittelt hölzerne Gebäude da. An der Stelle des heutigen Alexandertheaters z. B. ein Holz= schuppen, in dem russische Komödie gespielt wurde; weiter zur Newa hin ragte das Admiralitätsgebäude einsam aus einem Gewirr schlecht eingefaßter Kanäle heraus. Alles machte den Eindruck des Unvermittelten und Unfertigen. — Was dem Fremden außerdem besonders auffiel war der Gegensatz, der zwischen der majestätischen Größe und Breite der Straßen und Plätze und der numerischen Schwäche der Bevölkerung bestand. Selbst die Haupt= adern des Verkehrs machten den Eindruck, auf „Zuwachs" berechnet zu sein, weil sie gewöhnlich nur halb gefüllt waren. Noch auffallender war der Mangel an Veran= staltungen für Fremde oder einzelnstehende Personen. In den Gasthöfen fehlte — gerade wie in den Karawanserais des Orients — alle regelmäßige Bedienung, weil man

annahm, der zugereiste „Herr" führe seine Dienerschaft
mit sich und sei befriedigt, wenn er ein geheiztes, halb-
wegs möblirtes Zimmer und eine Theemaschine vorfinde.
Auf höhere Ansprüche eingerichtete Restaurationen und
Speisehäuser waren in nur geringer Anzahl, Omnibusse
gar nicht vorhanden und die übrigen Fahrgelegenheiten
ließen in qualitativer und quantitativer Rücksicht gleich-
viel zu wünschen übrig. Przewalski, der etwa fünfzehn
Jahre später als mein Großvater nach Petersburg kam,
versichert, daß es für civilisirte Menschen „fast unmöglich"
gewesen sei, in den russischen „Trakteurs" zu essen und
daß Abends überhaupt nur eine Speiseanstalt (die Domini-
quesche) offen gehalten habe; auf ganz Wassily=Ostrow
habe es nur zwei Kaffeehäuser gegeben, in der gesammten
erreichbaren Umgegend der Stadt nur zwei öffentliche
Gärten. Dafür wurde die Gastfreundschaft im größten
Style geübt und war die Zahl der Häuser mit offener
Tafel eine sehr erhebliche. Mühe aber kostete es, in dieselben zu gelangen, weil die Straßen gewöhnlich unpassir-
bar, die Fuhrmannswagen so schmutzig waren, daß man
bei Benutzung derselben Gefahr lief, seine Kleider bis zur
Untragbarkeit zu ruiniren. Für in Betracht kommend
wurde zu jener Zeit eben nur die höchste, vierspännig und
mit einem Vorreiter daherfahrende Aristokratie angesehen
und diese führte Dienerschaft, Equipage und den eigenen
Tisch allenthalben mit sich. — Endlich war die Zahl der

öffentlichen Kunstwerke Petersburgs damals noch eine sehr beschränkte. Das berühmte Monument Peters des Großen ausgenommen, stammen die meisten derselben aus den letzten sechzig Jahren, die die Stadt überhaupt unkenntlich verändert, ihre Einwohnerzahl um mehr als das Dreifache vergrößert haben.

Wer meines Großvaters Bekannte in Petersburg gewesen und was er daselbst getrieben, weiß ich nicht. Als Glanzpunkt seines Aufenthalts in der damals von der übrigen Welt noch weitab liegenden „zweiten Hauptstadt des Reiches" pflegte er das Wiedersehen mit seinem Jugendfreunde und Jenaer Ordensbruder Hassing, einem angesehenen und vielbeschäftigten Arzte, zu bezeichnen und bei dieser Gelegenheit zu erwähnen, Hassing sei damals der einzige Mann in Petersburg gewesen, der in seinem Wagen rauchend gesehen worden. Die Cigarre war damals noch nicht üblich (die ersten Cigarrenraucher in Deutschland sollen spanische Hilfstruppen Napoleons gewesen sein, welche aus diesem Grunde von den niedersächsischen Bauern als feuerfressende „Düvels" bezeichnet wurden) und der öffentliche Gebrauch der Pfeife galt in fast allen größeren Städten Europas noch vor fünfzig und vierzig Jahren für feuersgefährlich und unpassend. Hassing, der als allbeliebter Arzt fast nie aus dem Wagen (an dem mit zwei Pferden bespannten Wagen erkannte man damals den Arzt, da Edelleute mit Vieren, städtische Stutzer mit dreien

einherfuhren) kam, hatte sich die Erlaubniß zum öffentlichen Gebrauch seiner Pfeife vom Kaiser Alexander als
besondere Gnade erbeten und war dadurch zu einem der
bekanntesten Männer der Stadt geworden. Damals waren
individuelle Belohnungen noch möglich, konnte der Einzelne noch individuell behandelt werden.

Nächst den Besuchen Kaiser Alexanders und der Durchreise Friedrich Wilhelm III. machte in dem Riga der ersten
Jahrzehnte unseres Säculums Wellingtons Sieg bei Vittoria
(Juni 1813) den größten Eindruck, wahrscheinlich weil er
der erste in offener Feldschlacht über die Franzosen er-
rungene größere Sieg des begonnenen Feldzuges war.
Ein reicher englischer Kaufmann (vielleicht Pierson oder
Hay, — auf den Namen vermag ich mich nicht mehr zu
besinnen) gerieth über diese Niederwerfung des Feindes
seiner Nation und des Monarchen, unter dessen Schutz er
lebte, in so maßlose Freude, daß er für seine Kosten am
Abend des Eintreffens dieser Siegespost ein großes Fest
auf dem Schwarzhäupterhause veranstaltete. Gleich vielen
anderen Leuten wurde auch mein Großvater auf der
Straße aufgelesen und in das Festlokal geführt, wo er
„vor dem Bilde des Kaisers" einen ungeheuren Pokal
Champagner leeren mußte. Schließlich ließ der unermüdliche Festgeber selbst die Soldaten der Garnison herbei-
holen, um an der allgemeinen Freude Theil zu nehmen.
„Je zehn Mann" wurden unter Vortritt eines Unteroffiziers

oder Gefreiten in den Saal geführt, damit bekannt gemacht, daß der Feind ihres Kaisers und des Prinz-
Regenten von England geschlagen worden sei und mit
einer Flasche Wein aus dem Lande des Besiegten regalirt.
— Einige Tage später verherrlichte man das große Ereigniß durch einen solennen Ball auf dem Schwarzhäupterhause; jede der eingeladenen Damen wurde mit
einer seidenen Schleife geschmückt, auf welcher der Name
„Vittoria" mit Goldschnur gestickt war. Ich erinnere
mich lebhaft, ein solches braunes Schleifchen in den Händen
einer alten Tante gesehen zu haben, die bei Besich-
tigung dieser Reliquie regelmäßig eine Beschreibung dieses
und anderer Tage von „Aranjuez" vor uns Kindern
ausbreitete.

# XI

# Aus der Franzosenzeit (1807—1812).

—

Während der langen Friedensperiode, welche zwischen dem Wiener Congreß und dem Revolutionsjahre 1848 lag, spielten die Ereignisse der Napoleonischen Kriegszeit in dem Gedächtniß der älteren und in der Phantasie der jüngeren Generation eine Rolle, wie sie keinem neueren geschichtlichen Ereigniß zu Theil geworden ist. An den Kriegen der Revolutions= und Kaiserzeit hatten alle europäischen Völker Antheil, an der schließlichen Ent=scheidung aller Herren Länder actuelles Interesse ge=nommen, — für Alle hatte diese Periode eine Krisis von entscheidender Bedeutung und den Uebergang zu einem nach Decennien zu zählenden Friedenszustande bedeutet. Die Jahre 1789—1815 hatten in ganz Europa Epoche gemacht und der Charakter dieser Epoche stand zu dem=jenigen des folgenden Zeitalters in so ausgesprochenem Gegensatz, daß die damals stattgehabten Umwälzungen

vielfach auch Denjenigen zur Fabel geworden zu sein
schienen, die sie miterlebt hatten.

An dem Theetisch meines Großvaters wurde kein
Thema so eingehend erörtert, wie dasjenige von der
Franzosenzeit. Beide alte Herren hatten gründliche
historische Studien getrieben, die gesammte zeitgenössische
Literatur, namentlich die Thiers'sche „Histoire du consulat
et de l'empire" eifrig studirt und die miterlebten Er-
eignisse bis ins Einzelne verfolgt. Besonders merkwürdige
Dinge wußte der nach damaligen Begriffen weit gereiste
Großonkel zu erzählen, weil er die gesammte zwischen der
Schlacht von Austerlitz und dem Tage von Waterloo
liegende Zeit in Deutschland verlebt und die Bedränger
Europas aus vieljähriger eigener Anschauung kennen
gelernt hatte. Zur Zeit der Schlacht bei Jena war er
in Hamburg, während des folgenden Jahres wiederholt in
Königsberg gewesen und über beide Wendepunkte preußisch-
deutscher Geschichte wußte er genauen Bescheid zu geben. —
Auf die Kunde von dem Ausgange der im Saalthale
zwischen Franzosen und Preußen ausgefochtenen Schlacht
hatte man in Hamburg Tage lang in athemloser Spannung
vergeblich geharrt; Gerüchte von dem Heldentode des
Prinzen Louis Ferdinand bei Saalfeld waren an die
Unter-Elbe gedrungen, — über das Weitere war aber auch
der für allwissend geltende „Hamburgische Correspondent"
seinen Lesern den Bericht schuldig geblieben. An einem

lichtlosen Octobermorgen traf endlich ein preußischer
Officier ein, der dem beim Senate accreditirten Ge=
sandten Friedrich Wilhelms III. die Nachricht von der
Niederlage der „Armee Friedrichs des Großen" über=
brachte. Noch bevor die Zeitungen dieselbe registrirt
hatten, wußte die ganze Stadt, was geschehen war und
theilte das Entsetzen über den Zusammenbruch der letzten
Vormauer deutscher Unabhängigkeit sich der Bevölkerung
mit. „Abends," so erzählte der Großonkel, „sollten wir
Komödie spielen. Als Alles angekleidet hinter dem Vor=
hang dastand und das traurige Tagesereigniß besprach,
theilte der Regisseur mit, im Zuschauerraum habe sich
nur ein einziger Besucher eingefunden; dieser Besucher
war der preußische Officier, der die verhängnißvolle
Depesche nach Hamburg gebracht hatte und der vor seiner
Rückkehr auf den Kriegsschauplatz noch einmal an einem
Theatervergnügen Theil nehmen wollte, — übrigens liebens=
würdig genug war, auf sein ihm als „Publicum" zustehendes
Recht zu verzichten, sein Geld zurück zu nehmen und uns
Schauspieler unbehelligt nach Hause gehen zu lassen."

Wie und warum der Großonkel Anno 1807 in das
dem Kriegsschauplatz benachbarte Königsberg gekommen
war, weiß ich nicht mehr. Er war in dieser Stadt zum
letzten Male mit seinem Bruder und ehemaligen Schick=
salsgefährten, dem Onkel Liborius, zusammengetroffen,
der als Major des Petersburger Regiments der Armee

Bennigsens nach Friedland und Preußisch=Eylau zu folgen
bestimmt war und in der letztgedachten Schlacht den Tod
fand. Das Nähere darüber hatte ein Landsmann, der in
demselben Regimente dienende Obrist (spätere livländische
Regierungsrath) v. Freymann dem Großonkel erzählt, als
dieser von Königsberg nach Eylau hinübergeritten war,
um zwischen den Tausenden, im winterlichen Schnee da=
liegenden Todten vergeblich nach der Leiche des Bruders
zu suchen. Im Jahre 1848 habe ich Herrn v. Freymann,
als er mit meinem alten Onkel nach vielen Jahren bei meinen
Eltern zufällig zusammentraf, den traurigen Hergang noch=
mals erzählen hören. Stunden lang hatte die russische In=
fanterie trotz furchtbaren Kugelregens, des endlosen Schnee=
gestöbers, der strengen Kälte regungslos dagestanden; von
Zeit zu Zeit war der unerschütterliche Bennigsen, dessen
Züge keine Spur einer Erregung verriethen, die Fronte
entlang langsam vorübergeritten, um den Leuten sein
„смирно ребята" zuzurufen und stets den bedingungs=
losesten Gehorsam zu finden. Soweit ich mich aus der
Literatur über die Schlacht bei Eylau habe orientiren
können, muß das Regiment St. Petersburg auf dem besonders
exponirten rechten Flügel gestanden haben. Herr v. Frey=
mann hielt inmitten desselben zu Pferde, neben ihm stand
der Onkel Liborius, das Haupt mit dem „Kiewer" bedeckt,
den Degen in der Faust, den Ranzen auf dem Rücken an
der Spitze seines Bataillons halb erstarrt da. Just in

dem Augenblick, als Herr v. Freymann dem Landsmann
sein silbernes Schnapsgläschen reichen wollte, flog eine
mächtige Kanonenkugel an diesem vorüber; von dem Luft=
druck derselben erstickt, stürzte Onkel Liborius todt nieder,
gleichzeitig aber hatte eine andere Kugel dem Pferde,
auf welchem Freymann saß, den Kopf zerschmettert. Das
Thier that noch zwei mächtige Sätze und sank dann leb=
los zusammen; als der Reiter sich unter demselben hervor=
wand, hieß es „Vorwärts" und weder Herr v. Freymann
noch der aus Königsberg herbeigerufene Bruder des Ge=
fallenen vermochten die Leiche desselben aus der unge=
heuren Masse blutiger Leichname herauszufinden, welche,
in der doppelten Starre des Todes und der Winterkälte
daliegend, die Wahlstatt bedeckten.

Von Königsberg kehrte mein Großonkel nach Ham=
burg zurück, wo er die Schrecken der französischen Herr=
schaft über das „département des bouches de l'Elbe."
den kurzen Freudentaumel über die Befreiung der alten
Hansestadt durch Tettenborns Kosaken, das Wiedererscheinen
der Franzosen und den Jammer der Belagerung mit durch=
gemacht hat. Zwei seiner Erzählungen aus dieser Zeit
stehen mir besonders lebhaft im Gedächtniß. — Während
der Occupation kam es immer wieder vor, daß betrunkene
französische Officiere hinter die Scene des Theaters und
in die Ankleidezimmer der Schauspielerinnen drangen, die
den schamlosesten Beleidigungen dieser meisterlosen Krieger

ausgesetzt waren. Der Regisseur, die Theaterdiener und die herbeigerufenen Polizeibeamten vermochten dem Unfug nicht zu steuern, da sie geprügelt und zur Thür hinausgeworfen wurden. In seiner Verzweiflung wandte der Director sich, als das Unwesen eines Abends besonders schlimm geworden war, an den Großonkel, der vortrefflich französisch sprach und in Gang und Haltung den ehemaligen Gardeoffizier niemals verleugnete und bat ihn, entweder Hilfe zu schaffen oder einen höheren französischen Militär herbeizuholen. Der Großonkel begab sich direct zum Marschall Davoust, Herzog von Auerstädt und Prinzen von Eckmühl, der für einen strengen, aber gerechten und ehrenhaften Mann galt, um diesem seine Beschwerde vorzutragen. Der Marschall hörte ihn an, sah ihm scharf ins Gesicht und unterbrach ihn sodann mit der Frage: „N'est ce pas, vous-avez été militaire." Als der Großonkel diese Frage bejahte, ließ Davoust sich mit ihm in ein Gespräch ein, das damit schloß, daß zwei Gardisten von der Ordonnanz des Marschalls ins Theater abkommandirt wurden, den Raum hinter der Scene von den Eindringlingen reinigten und an dem Eingang zu demselben mit gekreuztem Bajonnet Posto faßten. Dasselbe geschah an den folgenden Abenden und die kurzen Worte: „Retirez vous au nom du maréchal" genügten, damit Officiere von höchstem Rang an der Thür zur Scene „Kehrt" machten und die früheren Unordnungen vollständig aufhörten.

Kürzer und ergötzlicher lautete die andere Erzählung „aus der Franzosenzeit". An dem Abende des Tages, an welchem die Franzosen zum allgemeinen Jubel ab= gezogen und die Kosaken eingerückt waren, wurde die „Jungfrau von Orleans" aufgeführt. Wie viele andere Patrioten hatte auch der Theater=Souffleur an diesem Freudentage ein Glas über den Durst getrunken und in diesem Zustande das Gelöbniß gethan, keinem der in dem Stücke auftretenden verfluchten Franzosen zu souffliren.

Der Biedermann hielt Wort und die Vorstellung nahm aus diesem Grunde einen Verlauf, auf dessen nähere Schilderung der ins Lachen gekommene damalige Dar= steller des „Talbot" sich nicht einließ.

# XII.

## (1812).

Die Jahre 1810 und 1811 waren für Riga in politischer wie in commercieller Beziehung außerordentlich wichtige und bewegte gewesen. 1810 war der erst wenige Jahre zuvor zum zweiten Male in dieses Amt getretene General = Gouverneur Graf Burxhöwden durch einen zugleich als Civil= und Militär=Oberverwalter fungirenden Fürsten Lobanow=Rostowski ersetzt, im Juni desselben Jahres der hundertste Jahrestag der Unterwerfung Rigas unter das russische Scepter durch ein Fest gefeiert worden, das die patriotische Stadt sich mehr als 80000 Rbl. B. A. hatte kosten lassen und das u. A. durch Aufführung eines von dem Rath Truhart verfaßten Festspiels, durch Prägung einer Denkmünze und durch Publikation zweier historischer Schriften des Pastors Bergmann und des Superintendenten Thiel verherrlicht worden war. Bald nach dieser Feier war der hochangesehene wortführende Bürgermeister Karl Gustav v. Jannau

seinen kurz zuvor verstorbenen ehemaligen Kollegen
Berens von Rautenfeldt und Legationsrath v. Gerngroß,
sowie dem greisen ehemaligen Stadtältermann Bernhard
Tielemann von Huickelhoven ins Grab gefolgt und in
seinem Amte durch den Obervogt Rolßen ersetzt worden.
Während des folgenden Jahres gingen der Stadt zwei
ihrer alten Vorrechte, die eigene, bis dahin von einem
Rathsherrn selbstständig geleitete Polizei-Verwaltung
und die (durch den Obermünsterherrn besorgte) Ober=
aufsicht über das städtische Artillerie= und
Fortificationswesen verloren, — Verluste, denen
wenig später die Aufforderung zur Herausgabe der seit
uralter Zeit im Besitz des Rathes gewesenen Stadt=
thorschlüssel folgte. — Beiläufig sei bemerkt, daß Riga zu
Ende des Jahres 1810 in der Stadt und den Vorstädten
32 955 Einwohner*), im Patrimonialgebiet 38 918
„Seelen“ zählte, und daß die Zahl der in den Raths=
registern aufgeführten „neuen Bürger“ jährlich etwa 100
betrug, von denen der vierte bis dritte Theil aus —
Russen bestand.

Auch auf commerciellem Gebiete hatte es an auf=
regenden Vorgängen nicht gefehlt, ins Besondere der im
Juni 1807 zwischen Rußland und Frankreich abgeschlossene

---

*) Drei Jahre zuvor, zu Ende des Jahres 1807 hatte die
„Volksmenge“ in Stadt und Vorstädten 33 760 Köpfe betragen.

Frieden dem vornehmlich auf den Verkehr mit England
angewiesenen Rigaschen Handel einen schweren Schlag zugefügt. Rußland hatte sich dem Continentalsystem anschließen und demzufolge jeden Verkehr mit Großbritannien
und den brittischen Colonien verbieten und alles innerhalb der Reichsgrenzen befindliche Eigenthum britischer
Staatsbürger mit Beschlag belegen lassen müssen. Mit
wirklicher Strenge wurde diese Maßregel indessen nur
kurze Zeit durchgeführt, weil das Bündniß zwischen den
beiden damaligen Beherrschern Europas sich bald nach
dem Erfurter Congreß zu lockern begonnen hatte und
weil Rußland gar nicht in der Lage war, den Verkehr
mit dem wichtigsten Käufer seiner Rohproducte zu entbehren. Die Summe der „inneren Schulden" des Reichs
war bereits zu Ende des Jahres 1809 auf 91 Millionen,
die Menge des Papiergeldes auf 577 Millionen gestiegen,
der Cours des Banco-Rubels auf 40 Kopeken gesunken.
Während des folgenden Jahres fiel der Werth dieser
Assignaten um weitere 15 % und sah man einem Deficit
entgegen, das eben so hoch sein sollte, wie die Summe
sämmtlicher Staatseinnahmen, die im Jahre 1809 nicht
mehr als 126 Millionen betragen hatten. Die Preise der
(hauptsächlich über Archangel eingeschmuggelten) englischen
Colonialwaaren hatten eine unerschwingliche Höhe erreicht
und an Mittel zur Bezahlung war nur zu denken, wenn
mindestens ein Theil der russischen Ausfuhr-Artikel gegen

dieſelben ausgetauſcht wurde. Getreide, Flachs und Holz
auf Schleichwegen auszuführen war natürlich nicht möglich.
Dieſe nach England beſtimmten Artikel wurden darum unter
einer „neutralen" Flagge, derjenigen von Teneriffa aus=
geführt, von der Jedermann, — auch die Regierung wußte
— daß ſie eine bloße Maske ſei. „Manches ſchöne Ver=
mögen iſt damals verdient worden", und noch zu Ende
der vierziger Jahre gab es in Riga eine Anzahl von
Kaufleuten, deren Namen nur genannt zu werden brauch=
ten, damit mein Großvater an die Zeiten der „Teneriffer
Flagge" und an die damals von dieſen Herren gemachten
Geſchäfte erinnerte. — Als dann im Frühjahr 1812 die
Kriegsmöglichkeit auftauchte, war man an der Börſe (die
bekanntlich in einem unteren Raume des alten, erſt dreißig
Jahre ſpäter umgebauten Rathhauſes abgehalten wurde)
durchaus getheilter Meinung geweſen, indem viele Leute
an die Erhaltung des Friedens geglaubt und danach ihre
Dispoſitionen getroffen hatten. „Am glücklichſten", ſagte
mein Großvater mir einmal, „hat damals der Vater
Deines Freundes —a— ſpeculirt. Im Gegenſatz zu den
übrigen Gläubigen der Kriegspartei und trotz des augen=
ſcheinlichen Riſico, dem er ſich dabei ausſetzte, kaufte Herr
—a— (damals noch ein kleiner „Bauerhändler") kurz
vor Ausbruch der Feindſeligkeiten Alles, was an Flachs,
Heede und Werg irgend aufzutreiben war, und vertraute
er die koſtbare Fracht einem der letzten aus der Düne

auslaufenden Capitäne, einem waghalsigen Engländer, an, der an den französischen Wachtschiffen (Holland gehörte damals zum französischen Kaiserreich und Dänemark war demselben eng verbündet) vorüberzuschleichen unternahm. Der tolle Kerl führte das Wagestück glücklich durch und unser —a— ist seitdem ein steinreicher Mann."

Die Geschichte des allmäligen Bruchs zwischen den beiden Monarchen, die man noch während der Tage des Erfurter Congresses für persönliche Freunde*) gehalten hatte, gehört nicht hierher. Genug daß Napoleon zu Ende des Maimonats zu seinem Heere stieß und daß er am 25. Juni an der Spitze von 450 000 Mann (der größten Armee, die jemals in Europa beisammen gewesen) bei Kowno, den damals die russische Grenze bildenden Niemen überschritt. Mit Vorbereitungen auf den seit Monaten für unvermeidlich angesehenen Krieg war man in Riga schon geraume Zeit zuvor beschäftigt gewesen. Die baltische Metropole war damals noch Festung und ihre Bewohner glaubten sich auf die Schrecken einer Belagerung, vielleicht einer Einnahme ihrer hundert Jahre lang von Krieg und Kriegsgreueln verschont gebliebenen Stadt einrichten zu müssen. Die höheren Verwaltungsbehörden

*) Der weichmüthige Alexander hatte Napoleon enthusiastisch die Hand gedrückt, als bei der festlichen Aufführung des Voltaire= schen „Oedipe" der bekannte Vers „L'amitié d'un grand homme est un bienfait des dieux" gesprochen worden war.

sammt ihren Cassen wurden provisorisch in das Innere
des Landes, nach Fellin, Dorpat u. s. w., verlegt (in
der letzteren Stadt schlug z. B. das livländische Consistorium — damals Oberconsistorium — seinen Sitz auf,
ein Umstand, der seinem Vicepräsidenten, dem gefeierten
Sonntag, Gelegenheit bot, zeitweilig an der neu be-
gründeten Universität Dorpat theologische Vorlesungen zu
halten) und außer den betheiligten Beamten folgten viele
Privatleute diesem Beispiele *). Die Jugend strömte von
allen Seiten unter die Waffen; Dutzende von Dorpater
Medicinern wurden plötzlich mündig gesprochen, um als
Militärärzte in die Armee zu treten und mancher Jüngling, der an eine kriegerische Laufbahn niemals gedacht
haben mochte, (beispielsweise sei der spätere General-Feld-
marschall, damalige stud. jur. Friedrich Rembert v. Berg
aus Schloß Sagnitz genannt) trat unter die zur Vater-
landsvertheidigung erhobene Fahne.

Riga veröbete von Tag zu Tage. Wer es irgend
möglich machen konnte, suchte sich und die Seinigen zu
bergen. Mein Großvater, den seine amtliche Stellung in
Riga zurückhielt und dessen Art es überhaupt nicht war,
Gefahren aus dem Wege zu gehen, brachte seine Frau,

—— ——

*) Karl Gustav Jochmann, damals jugendlicher Advocat in
Riga, nahm an diesem Stillstande der Geschäfte zu einer mehrjährigen Reise nach England Veranlassung.

deren Schwester und seinen ältesten Sohn nach Oesel,
wo sie bei einer der Spielgefährtinnen seiner Jugend
liebreiche Aufnahme fanden. Die Zahl der damals nach
Oesel geflüchteten Rigaer Familien kann nicht ganz gering gewesen sein, — ich weiß, daß die Schwester meiner
Großmutter von zahlreichen Gliedern ihres ausgedehnten
Bekanntenkreises zu sagen pflegte „die kenne ich noch von
Arensburg her" oder „wir machten Anno 12 gemeinsam
die Ueberfahrt nach Oesel".

Nachdem er seine Familie geborgen, kehrte mein
Großvater in sein verödetes Haus an der Sandstraße
zurück. Riga hatte sich inzwischen allen Ernstes auf eine
Belagerung einzurichten begonnen, in der Person des
Generals v. Essen einen neuen Kriegs-Gouverneur er-
halten (18. Mai 1812), an der Vervollständigung seiner
Befestigungen gearbeitet, die Verkündigung des Be-
lagerungs-Zustandes über sich ergehen und ein paar arme
Teufel, die man verrätherischer Absichten bezichtigte, nach
„Standrecht" erschießen lassen. Dann hatte man die
Kunde von der Besetzung Mitaus durch den General
v. York vernommen und den geflüchteten Gouverneur von
Kurland, den um das Zustandekommen der Bauer-Ver-
ordnung von 1804 hochverdienten Geheimrath Friedrich
von Sivers nach Riga kommen und seine Bemühungen
um das Zustandekommen einer Volksbewaffnung (des
Regiments der sogenannten livländischen Kosaken) auf-

nehmen sehen. Dieser wunderlichen Truppe that mein Großvater gelegentlich Erwähnung; daß die Formirung derselben zu einem höchst peinlichen Conflict zwischen dem als Kaiserlichem Commissär fungirenden „Geheimrath" und der Ritterschaft Veranlassung gegeben, habe ich erst viele Jahre später erfahren, als eine russische historische Zeitschrift die auf diesen ärgerlichen, schließlich vor die Person des Kaisers gebrachten Handel bezüglichen Acten= stücke veröffentlichte.

Obgleich die bezügliche Publikation reichliche zwölf Jahre alt ist, hat man von dem Inhalte derselben in unserem Lande bis zur Stunde noch nicht Act genommen. Und zwar aus nahe liegenden Gründen. Die Dinge, um welche es sich in den von einem Herrn A. N. Petrow herausgegebenen und mit außerordentlich boshaften Rand= glossen versehenen Documenten handelt, sind in mehr als einer Rücksicht peinlicher Natur, und zu unbefangener Beurtheilung derselben bedarf es einer Freiheit der publi= cistischen Bewegung, die unserem Lande zur Zeit versagt ist. Wenn irgendwo, so darf aber hier das Wort „Tout comprendre c'est tout pardonner" angewendet und außer= dem grad heraus gesagt werden, daß der hochverdiente Mann, der sich in Mitten des Dranges einer leidenschaftlich er= regten Zeit, zu einer schweren Anklage gegen seine Corporations=Genossen hinreißen ließ, als unbefangener und parteiloser Richter nicht angesehen werden kann.

Ich will in Kürze wiederzugeben versuchen, worum die zwischen dem ehemaligen Landrath, damaligen Geheimrath Friedrich von Sivers und der livländischen Ritterschaft entbrannte Fehde von 1812 sich drehte und was derselben vorhergegangen war. — Es muß zu diesem Behuf um ein Dutzend Jahre zurückgegriffen werden.

Sivers, der bereits zu statthalterschaftlicher Zeit als Gouvernements-Adelsmarschall der Jahre 1792 bis 1797 einer der Hauptvorkämpfer für die agrarische Reform und für die Wiederherstellung der angestammten Verfassung gewesen war, hatte sich nach Aufhebung der Statthalterschaftsordnung und nach seiner auf dem Restitutionslandtage von 1797 erfolgten Erwählung zum Landrath an die Spitze der liberalen Partei gestellt und der Sache derselben die größten Dienste erwiesen. Neben der Besserung der Lage des Bauernstandes ließ diese Partei sich die unveränderte Wiederherstellung der alten Verfassung besonders angelegen sein, gegen welche von gegnerischer Seite manche Bedenken erhoben worden waren. Hauptgegenstände des Streites bildeten die Stellung des Landraths-Collegiums und die Verfügung über die Einnahmen aus den Ritterschaftsgütern. Diese Güter waren ursprünglich zur Erhaltung des Landraths-Collegiums bestimmt gewesen, nach der im Jahre 1796 erfolgten Auflösung dieser Körperschaft von der Krone eingezogen, bei Wiederherstellung der alten Verfassung

wieder restituirt, inzwischen aber zu Quellen schwerer
finanzieller Verlegenheiten für das Land geworden. Bei
der im Jahre 1786 erfolgten Uebergabe derselben an die
Krone hatte die Adelskorporation sämmtliche auf ihrem
ehemaligen Eigenthum haftenden Schulden übernehmen,
die in ihrem Besitz gestörten Arrendatoren entschädigen,
eine ganze Anzahl damit verbundener kostspieliger Processe führen und zu diesem Behufe sehr beträchtliche
Schulden contrahiren müssen, deren Verzinsung nur durch
Erhöhung der Landesabgaben ermöglicht werden konnte;
im Jahre 1798 wurde die Gesammtsumme aller Landes-
schulden auf nicht weniger als 11 Millionen berechnet.
— Zunächst war auch die Wiederübernahme der Ritter-
schaftsgüter nur mit Unkosten verbunden, da es erheb-
licher Aufwendungen zur Anschaffung neuer Inventare,
Abfindung der bisherigen Pächter u. s. w. bedurfte. Diese
Sachlage hatte mit sich gebracht, daß die Entscheidung
der Frage, ob die Erträge aus den Ritterschaftsgütern
zunächst dem Landraths-Collegium zukämen, oder ob die
wegen dieser Güter in schwere finanzielle Bedrängniß ge-
rathene Ritterschaft den Hauptanspruch auf dieselben habe,
mit erheblichen Schwierigkeiten verbunden war. Erhöht
wurden dieselben noch dadurch, daß das damalige
Landraths-Collegium, als Sitz der bauernfreundlichen
und liberalen Partei den Haß der Gegner der Agrar-
reform auf sich gezogen hatte. Dieses Collegium, dessen

man während der Statthalterschaftszeit doch zu entbehren
gewußt habe — so hieß es bei den Gegnern — concen=
trire auf Unkosten des Landtagplenums allen Einfluß
in sich, um das Land zu unnützen, dem Adelsinteresse
zuwiderlaufenden Reformen zu nöthigen und gebärde sich
außerdem als rechtlicher Inhaber von Gütern, deren Be=
sitz der Rittercasse unerschwingliche Lasten aufgelegt und
das Land in Schulden gestürzt habe. Von einer Ab=
schaffung des Landraths=Collegiums lasse sich darum in
politischer wie in wirthschaftlicher Rücksicht ein Gewinn
erwarten, den das Land nicht von der Hand weisen dürfe.

Es ist bekannt, daß die (zumeist dem estnischen Liv=
land angehörigen) Anhänger dieser Anschauung die
Wiederherstellung der Statthalterschaftsordnung für das
geeignetste Mittel zur Beseitigung des Landraths=
Collegiums ansahen und daß auf den Landtagen von
1802 und 1805 entsprechende Anträge gestellt, von der
Mehrheit der Landesrepräsentation indessen abgelehnt
wurden. Parallel diesen Bestrebungen waren andere ge=
laufen, welche das Werk der agrarischen Reform zu
hindern und die Träger derselben, insbesondere Sivers
und dessen Freunde, die Landräthe Graf Mellin und
v. Gerstdorf zu beseitigen suchten. Zu zwei verschiedenen
Malen, in den Jahren 1801 und 1804 war Sivers auf
den Betrieb seiner politischen Gegner suspendirt und
unter Gericht gestellt worden, das erste Mal als Präses

einer der Commiſſionen, welche die Klagen der Bauern
über ihre Herren entgegennehmen und entſcheiden ſollten,
das zweite Mal, als er in derſelben Eigenſchaft die Re-
gulirung der bäuerlichen Leiſtungen für den Riga = Wol-
marſchen Kreis leitete. Dieſe zweite Amtsentſetzung (welche
die Remotion vom Amte eines Oberkirchenvorſtehers in
ſich ſchloß) war öffentlich bekannt gemacht und erſt mehrere Jahre ſpäter durch eine directe Entſcheidung des
Kaiſers wieder aufgehoben worden. Um den ſchwer ge-
kränkten Mann für das erlittene Unrecht zu entſchädigen,
hatte der Monarch demſelben eine Kronsarrende, den
St. Annenorden erſter Klaſſe und in der Folge die Stellung eines Gouverneurs von Kurland verliehen.

Als ſolcher war Sivers im Jahre 1812 zu Folge
der Beſetzung ſeiner Provinz durch die franzöſiſch=preußiſche
Armee nach Livland zurückgekehrt und mit der Organiſation
einer Landesmiliz beauftragt worden, die er ſelbſt in Vor-
ſchlag gebracht hatte. Friedrich von Sivers war un-
zweifelhaft ein edler und hochherziger Mann, — aber er
war ein Menſch, und außerdem der Sohn einer, mehr
oder minder von den Anſchauungen des aufgeklärten
Despotismus beherrſchten Zeit. Als Menſch ſchwer ge-
kränkt und aus dem Lande, dem er unvergeßliche Dienſte
geleiſtet hatte, im Hader geſchieden, durfte er als Politiker
behaupten, daß das Gelingen der zur Hauptarbeit ſeines
Lebens gewordenen agrariſchen Reform in Livland ohne

die Unterſtützung der Regierung niemals zu Stande gekommen wäre und daß dieſe Regierung das wahre In-
tereſſe des Landes richtiger und unbefangener zu beur-
theilen gewußt hatte, als ein großer, vielleicht der
größere Theil der berufenen Vertreter deſſelben! War
da zu verwundern, wenn der patriotiſche, von enthuſiaſti-
ſcher Dankbarkeit für ſeinen Kaiſer erfüllte Staatsbeamte
an die mit ſeinen ehemaligen Gegnern zu führenden
Verhandlungen nicht ganz vorurtheilslos herantrat,
wenn er den Verhältniſſen, unter welchen das wirth-
ſchaftlich halb ruinirte Land zu den übrigen ihm durch
den Krieg auferlegten ſchweren Laſten auch noch diejenige
der neuen Volksbewaffnung tragen ſollte, nicht die volle
Rechnung trug, wenn er den ihm durch kaiſerliches Vertrauen gewordenen Auftrag rückſichtslos durchführte? Dem
Eindruck ſolcher Rückſichtsloſigkeit und Verbitterung gegen
die livländiſche Ritterſchaft und deren Repräſentation wird
ſich Niemand entziehen können, der von dem Inhalte der
auf dieſe Angelegenheit bezüglichen, im Jahre 1870 von
der Zeitſchrift „Ruſſkaja Starina" veröffentlichten Berichte
Kenntniß nimmt, welche Friedrich v. Sivers im Laufe
des Jahres 1813 erſtattete. Das wichtigſte Stück derſelben bildet die „Hiſtoriſche Darſtellung der auf
die Bildung der livländiſchen Landwehr und
des livländiſchen Koſakenregiments bezüglichen Vorgänge", welche Sivers einem vom 28. October

1813 datirten Bericht an den Kaiser beilegte und aus
der sich das Folgende ergiebt.

Acht Tage, nachdem er Mitau geräumt und sich in
Begleitung der Garnison dieses Orts nach Riga begeben
hatte, am 17. Juni 1812, überreichte Sivers dem Kriegs-
Gouverneur General von Essen den Entwurf eines an
die Ritterschaften von Liv- und Estland gerichteten Auf-
rufs, in welchem diese Korporationen zur Errichtung einer
Landwehr aufgefordert werden. In diesem etwas über-
schwänglich gehaltenen Entwurf hieß es u. A. wie folgt:
„Wer von uns könnte die großen Wohlthaten vergessen
haben, mit welchen unser geliebter Monarch seit dem
Tage, an dem er den Thron seiner Väter bestieg, unsere
Provinzen beglückt hat? Binnen elf Jahren hat er uns
mehr Gnaden erwiesen, als seine Vorgänger während
der vorhergegangenen hundert Jahre gethan hatten; die
schwedischen Beherrscher hatten uns mit unerschwinglichen
Lasten überbürdet, die russischen Monarchen haben uns
dieselben im Verlauf von 97 Jahren abgenommen, —
der großherzige Alexander aber hat uns derselben nicht
nur im vierten Jahre seiner Regierung vollständig ent-
bunden, sondern uns Millionen entweder zu niedrigen
Zinsen oder umsonst zugewendet." — General Essen ließ
das Sivers'sche Elaborat einer Umarbeitung unterziehen,
und sodann den beiden Ritterschaften übergeben, die zu
außerordentlichen Landtagen einberufen wurden. Der

Kriegsverhältnisse wegen tagte der (kurz zuvor in Riga versammelt gewesene) livländische Landtag während der Augustwochen zu Dorpat (im Saale der dortigen Muße), um unter dem Vorsitz des neu erwählten Landmarschalls Baron Schoultz-Römershof zunächst die Bewilligung von „je einem Krieger von hundert Seelen", 524 Hof- und 518 Bauer-Pferden auszusprechen. Auf das Andrängen der Regierung mußten ferner 628 Bauerpferde, sowie der Ankauf von 72 litthauischen Pferden bewilligt werden, die man dem vom Generallieutenant v. Loewis kommandirten Corps zur Verfügung stellte. — Da Sivers selbst nach Petersburg gereist war, fungirte der von ihm aus Mitau mitgenommene Polizeimeister Obrist Baron Uexküll als Empfänger der nach Ranzen (einem Sivers gehörigen Gute) Beschiedenen; im September desselben Jahres aber traf der alte Herr in Person in Wolmar ein, um sich von dem Stande der Dinge zu überzeugen. Ein Theil der Pferde und Mannschaften war bereits nach Riga abgesendet worden, was er vorfand, entsprach seinen Ansprüchen aber so wenig, daß er dem General v. Essen berichten zu müssen glaubte, „unter den Kriegern befänden sich viele untaugliche und schlecht bekleidete Leute in Sommerröcken und runden Hüten, denen es an Halstüchern, Strümpfen, theilweise sogar an Pasteln (Bauerschuhen) fehle", — die Pferde seien meist alt und kriegsuntüchtig u. s. w. Der Landmarschall erhielt Auftrag, sofort für die Beschaffung alles weiter Erforderlichen Sorge zu tragen, vermochte sich dieses Befehls aber nur so unvollständig zu entledigen, daß von 759 im October 1812 dem Loewis'schen Korps zukommandirten „livländischen Kosaken" nur 106 in Empfang genommen werden konnten, weil den übrigen die gehörige winterliche Bekleidung fehlte. Gleichzeitig traf ein an den Kriegs-Gouverneur gerichtetes Schreiben des (in Dorpat) residirenden Landraths von Richter ein, in welchem dieser den Umtausch der von Sivers für untauglich erklärten Mannschaften und Pferde als unausführbar ablehnte; dieselben seien im gehörigen Zustande abgeliefert, von dem Empfänger Baron Uexküll brauchbar gefunden und wahrscheinlich nur deßhalb untauglich geworden, weil man sie ungenügend verpflegt, trotz der rauhen Jahreszeit nicht unter Dach und Fach gebracht, bez. unbeaufsichtigt gelassen habe. Zu weiteren Prästationen glaube das Landraths-Kollegium weder berechtigt noch verpflichtet zu sein u. s. w. — Sivers (der dieses Schreiben in seiner historischen Darstellung „unpatriotisch und auf Lügen gegründet" nennt) antwortete mit einer außerordentlich heftig gehaltenen Gegenerklärung, welche den Herren Baron Schoulz und v. Richter ihr eigenes Besserwissen vorhielt, daran erinnerte, daß Livland im Hinblick auf seine Landwehr von einer abermaligen Rekrutirung unberührt geblieben sei und in dringendem Tone sofortige Abhilfe der früheren Beschwerden verlangte.

So lagen die Dinge, als der Kriegs-Gouverneur von Essen seiner Stellung enthoben und durch den Marchese Paulucci ersetzt wurde (24. Oct. 1812). Sivers brachte seine Klagen abermals vor, der Marquis aber ging einer Entscheidung aus dem Wege, indem er zunächst nur anordnete, daß 190 „Krieger" von der Landwehr nach Riga beordert und zur Theilnahme an den dortigen Befestigungsarbeiten verwendet werden sollten. Sivers aber ruhte nicht; in Veranlassung einer nach Uexküll unternommenen Inspectionsreise berichtete er über den traurigen Zustand und die mangelhafte Bekleidung der daselbst stationirten Mannschaften der livländischen Landwehr, denen es am Nöthigsten fehle; 21 „Krieger" und 19 Arbeiter seien aus diesem Grunde bereits davon gelaufen. In verschiedenen Veranlassungen (das eine Mal wegen zahlreicher Desertionen, ein anderes Mal wegen der Gefangennahme einer Eskadron) kam Sivers immer wieder auf den erbärmlichen Zustand und die schlechte Ausrüstung dieser von Kälte und Krankheiten decimirten Landesvertheidiger zurück: daß es Pflicht der Regierung sein könne, für die gehörige Bekleidung der unter ihren Fahnen fechtenden Leute zu sorgen, scheint weder ihm, noch dem Marquis, noch sonst Jemand in den Sinn gekommen zu sein — man that im Gegentheil, als ob allein die livländische Ritterschaft die dazu erforderlichen Mittel in Händen habe. — Als es sich Ende November um die

Beſchaffung von 150 Artillerie= und 18 Train=Pferden
handelte und Paulucci die Heranziehung der livländiſchen
Pferde anordnete, wußte Sivers nicht nur zu berichten,
daß von den 1748 ſeitens des Landes geſtellten Thieren
700 bereits gefallen oder untauglich geworden ſeien,
ſondern er fügte hinzu, daß die von den Höfen geſtellten
Pferde bloße Bauernpferde geweſen ſeien, die für die
Artillerie niemals etwas getaugt hätten; eine von dem
Marquis erlaſſene Ordre, 800 Krieger zu einem Koſaken=
regimente zu formiren und die übrigen zu entlaſſen, wurde
mit einem Hinweiſe darauf beantwortet, daß 800 brauch=
bare Leute überhaupt nicht vorhanden ſeien und daß es
der vorhandenen Mannſchaft nicht nur an der gehörigen
Ausrüſtung und Bekleidung, ſondern auch an Mundvorrath
fehle, — eine Bemerkung, welche der Marquis mit der
Erinnerung daran beantwortete, „daß ſeitens der Krone
den Mannſchaften des livländiſchen Koſakenregiments
Branntwein und Fleiſchrationen erſt nach ihrer Verwen=
dung im activen Dienſte bewilligt werden könnten.“

Anfang December kehrte Sivers in das am 8./20.
deſſelben Monats von York geräumte Mitau zurück, um ſeine
durch die preußiſche Beſetzung unterbrochen geweſene Thätig=
keit als Gouverneur von Kurland wieder aufzunehmen, —
der ärgerliche Handel aber war noch nicht zu Ende. Die
„livländiſchen Koſaken“ waren in der Umgegend von
Mitau einquartiert worden und daran nahm Sivers

Veranlaſſung, über die ſchlechte Ausrüſtung derſelben zu
berichten, jede Verantwortlichkeit für die ferneren Geſchicke
der „Krieger" abzulehnen und darauf zu bringen, daß
die livländiſche Ritterſchaft zur Neuequipirung derſelben
angehalten werde. Dieſer ſelbe Antrag wurde im Verlauf der erſten Wochen des Jahres 1813 noch vier
Male wiederholt und ſodann zur Zuſammenſtellung der
an den Kaiſer gerichteten „hiſtoriſchen Darſtellung" ge-
ſchritten, welcher die vorſtehend erörterten Daten ent-
nommen ſind. In dem begleitenden, ziemlich aggreſſiv
gehaltenen Berichte wird u. A. hervorgehoben, daß ſtatt
des einen Koſakenregiments eigentlich mehrere hätten ge-
ſtellt werden ſollen, daß viele dieſer Leute zufolge ihrer
ſchlechten Bekleidung umgekommen, andere deſertirt ſeien
und daß er (Sivers) das Koſakenregiment vier Wochen
lang auf eigene Koſten erhalten, ſeinen Gehalt und die
Erträge ſeiner Arrende dabei zugeſetzt und erhebliche
Schulden contrahirt habe.

Die hier in Kürze berichteten Thatſachen im
Einzelnen feſtzuſtellen und zu beleuchten, mag der
archivaliſchen Forſchung überlaſſen bleiben. Ich glaube
nicht, daß dieſelbe zu einem andern Reſultat gelangen
wird, als der Meinung, daß die von Sivers angerathene
Formirung einer „Landwehr" ein von vorn herein un-
praktiſches Unternehmen war, deſſen Scheitern in der
Natur der Verhältniſſe lag. Eine Elite von Menſchen

und Thieren ist es sicher nicht gewesen, die im August des Jahres 1812 Herrn v. Uerküll überliefert wurde und Sivers' Beschwerden über die mangelhafte Beschaffenheit und Ausrüstung derselben haben die Präsumtion der Wahrscheinlichkeit entschieden auf ihrer Seite. Wo aber sollten in dem verarmten, durch fortwährende Kriege, Rekrutenaushebungen, Handelsstockungen und Ausfuhrverbote und durch die Entwerthung der Valuta halb ruinirten Lande die Mittel zur Bildung einer kriegstüchtigen Miliz herkommen und wer wollte es der Ritterschaft verargen, wenn sie sich dagegen sträubte, die ihr abgerungenen Menschen und Pferde auch noch neu zu equipiren und zu ernähren? Mehr als man hatte, vermochte man nicht zu geben und Sivers hätte sich bei einiger Billigkeit selbst sagen können, daß er mit seinem Vorschlage einen Mißgriff begangen habe, dessen Folgen mindestens zur Hälfte auf ihn selbst zurückführen. Seinem Herzen macht es alle Ehre, daß er seine frierenden und hungernden Landsleute wochenlang auf eigene Kosten erhielt, — sein politisches Urtheil aber bewegte sich in einer falschen Richtung, als er der Ritterschaft wegen ihrer Weigerung, dem Lande weitere Lasten aufzulegen und die bäuerlichen Arbeitskräfte im Herbste des Kriegsjahres nochmals zu decimiren, den Vorwurf unpatriotischer Gesinnung machte. Kein Zweifel, daß die Landesrepräsentation nicht eben großmüthig gegen die „livländischen

Kosaken" verfuhr, — solche Großmuth wäre aber nur auf Kosten desselben Bauernstandes möglich gewesen, den auch Sivers in Schutz genommen sehen wollte, denn das Vermögen des Adels bestand ausschließlich in dessen leibeigenen Hintersassenschaften und dem Wenigen, was diesen geblieben war.

Offenbar haben auch Marquis Paulucci und der Kaiser selbst die Sache so angesehen. Der Erstere — dessen Sache zarte Rücksichtnahme sonst nicht zu sein pflegte und der gern durch patriotischen Eifer glänzte — vermied es, auf die Ritterschaft einen eigentlichen Druck zu üben; Alexander I. aber ließ unter den Sivers'schen Bericht vom 28. October 1813 die folgende Resolution setzen:

„Von dieser Sache ist am 13. December Kenntniß genommen und Allerhöchst befohlen worden, dieselbe ruhen zu lassen."

# XIII.

## Die Verbrennung der Rigaer Vorstädte (1812).

———

Daß das Gedächtniß an die livländische Landwehr diesen Versuch zur Improvisation einer Volkswehr nicht überlebt hat, dürfte wesentlich darauf zurückzuführen sein, daß die Bevölkerung Riga's und Livlands während der Sommermonate des Jahres 1812 ausschließlich auf die Kriegsereignisse und auf den stündlich erwarteten Uebergang des Feindes über die Düna gerichtet war. — An einem lauen Sommerabende (es muß der Abend des 7. oder des 8. Juli gewesen sein) verbreitete sich die Nachricht von einem zwischen Ekau und Keckau entbrannten Gefechte. Ein guter Bekannter lud meinen Großvater ein, ihn auf die höchste Gallerie des Petrithurmes zu begleiten, von wo aus man mit Hilfe eines Fernrohres die Bewegungen der in der Richtung auf St. Olai retirirenden

Truppen des Loewis'schen Korps beobachten konnte. Einige Tage später wurden dreihundert Preußen eingebracht, die man bei Ekau — wo die Preußen Sieger geblieben waren — zu Gefangenen gemacht hatte. „Die Kerls sahen nicht wie Gefangene, sondern im Gegentheil, seelen= vergnügt aus, denn die russischen „Feinde" waren den Meisten von ihnen sehr viel lieber, als die französischen oder rheinbündlerischen Freunde." Befanden sich unter den in Riga garnisonirenden Offizieren doch verschiedene preußische Patrioten, die aus Haß gegen den Franzosen= kaiser russische Dienste genommen und sich der peinlichen Nothwendigkeit gefügt hatten, gegen ihre eigenen Lands= leute zu fechten *). — Die Niederbrennung eines Theils der (zu jener Zeit ziemlich unbedeutenden) Mitauer Vorstadt war ein Ereigniß, auf welches man sich längst gefaßt gemacht hatte — allgemein aber war die Spannung darauf ge= richtet, was aus der Petersburger und Moskauer Vor= stadt werden, ob das Erscheinen des Feindes auf dem rechten Dünauser eintreten und ob dasselbe wirklich das Signal zur Niederbrennung dieser wichtigen und aus= gedehnten Stadttheile geben werde.

---

*) Außer dem bekannten, der Person Essen's attachirten Obrist= lieutenant Thielemann, gehörte auch der später preußische Feld= marschall Graf zu Dohna (der sich als russischer Offizier v. Norden nannte und an dem Abschluß der Tauroggener Convention vom 18. 30. December 1812 theilnahm) hierher.

Zur Signatur der modernen Geschichtschreibung gehört es bekanntlich, daß dieselbe zeitgenössischen Beurtheilungen historischer Ereignisse alle Bedeutung abspricht und den juristischen Grundsatz „quod non in actis, non in mundo" auch in geschichtlicher Rücksicht zu unbedingter Anwendung zu bringen versucht. Dieser Tendenz entsprechend, haben neuere Forscher nicht nur die von den Zeitgenossen einstimmig verurtheilte Verbrennung der auf dem rechten Dünaufer belegenen Vorstädte, sondern auch die Methode zu rechtfertigen versucht, nach welcher dieses Zerstörungswerk in Ausführung gebracht worden ist. Die Gründlichkeit, mit welcher die Herren sich die Revision und Sichtung der auf uns gekommenen Berichte über die Rigaer Ereignisse des Juli 1812 haben angelegen sein lassen, verdient schon wegen der zahlreichen, bei dieser Gelegenheit an's Licht gezogenen neuen Thatsachen Dank und Anerkennung: daß eine wirkliche Rehabilitation des von General von Essen beobachteten Verfahrens jemals gelingen könne, muß indessen bestritten werden. Abgesehen davon, daß die Glaubwürdigkeit zur Erreichung ganz bestimmter Absichten angefertigter officieller Actenstücke jener Zeit, von Landes- und Zeitkundigen schwerlich für eine unbedingte angesehen werden wird und daß das ungünstige Urtheil, welches alle Genossen der sog. Belagerungszeit über den Charakter Essens gefällt haben, durch den Ausgang dieses

unglücklichen Mannes bestätigt worden ist, — fehlen auf die
wichtigsten der für die Vertheidigung in Betracht kommenden Fragen alle Antworten: daß es kein blinder
Lärm gewesen sei, der den verhängnißvollen Befehl vom
11. Juli veranlaßte, ist wohl behauptet, aber nicht bewiesen worden. Wenn man einräumt, „daß der Feind
nicht kam", wo man ihn über die Düna gesetzt und im
Anzuge glaubte, so sagt man damit implicite, daß die
Inbrandsteckung der Moskauer und der Petersburger Vorstadt am 11. Juli ebenso gut hätte unterlassen werden
können, wie das am 9. geschehen, wo sie bereits in Frage
gekommen war. — Weiter wird die Angabe, nach welcher
die falsche Nachricht von der Ueberschreitung der Düna
durch einen kurländischen Edelmann überbracht worden, als
„Geschichtchen"· behandelt, weil die „Acten" von diesem
Zwischenfall Nichts wissen. Thatsache ist, daß ein solcher
herangesprengter Edelmann gesehen und zwar
auf dem Wege zum Schloß gesehen worden ist,
in welchem Herr v. Essen residirte, — daß ex post aber
alle Betheiligten ein Interesse daran hatten, den Urheber
dieser Tatarenbotschaft von 1812, wenn nicht aus der Welt,
so doch aus den Acten verschwinden zu lassen. Endlich
wird für die Thatsache, daß während des Brandes die
Thore geschlossen und daß die geängstigten obdachlosen
Abgebrannten die Nacht über auf der Esplanade gelassen
wurden, keine andere Erkärung als die Berufung auf

den Befehl Essen's gegeben. Die Widersinnigkeit und
Barbarei dieses Befehls aber erscheint als eine vollendete,
wenn man in Betracht zieht, daß die Ausgesperrten in
der Folge doch in die Stadt gelassen wurden, daß mithin der einzige stichhaltige Grund (die Rücksicht auf die Un-
thunlichkeit einer plötzlichen Vermehrung der Bevölkerung
der inneren Stadt) nicht in Betracht kommt! Und
selbst wenn man all' diese Thatsachen unberücksichtigt
lassen, alle Zeitgenossen für befangen und parteiisch
halten wollte, bliebe übrig, daß das härteste Urtheil
über den Rigaer Kriegsgouverneur von 1812 von Kaiser
Alexander I. und — Herrn v. Essen selbst gefällt worden
ist: durch den ersteren, indem er den Ostseeprovinzen drei
Monate nach der Verbrennung der Rigaer Vorstädte in
der Person des Marquis Paulucci einen neuen Ober-
befehlshaber gab, durch den letzteren, indem derselbe sich genau ein Jahr nach der Katastrophe
in dem Badeorte Baldohn erschoß. Beide Thatsachen wären unbegreiflich, wenn die Dinge wirklich so
correct verlaufen wären, wie behauptet wird. Wäre das
geschehen und wäre methodisch, nach einem bestimmten,
rationell vorbereiteten und durchgeführten Plane verfahren worden, so hätte der Kaiser seinen Beamten
niemals desavouirt, — ein Desaveu aber hat die
am 24. October 1812 erfolgte Entlassung Essen's nach
dessen eigener Auffassung bedeutet. Außerdem aber

liegt die Erwägung nahe, daß Riga's patriotische Bürger
sich in das Unabänderliche zu finden gewußt, Klagen
und Recriminationen gespart hätten, wenn der Vertreter
der höchsten Staatsgewalt die ihm auferlegte Aufgabe
mit imponirender Würde und Ruhe gelöst, die einmal
unvermeidlichen Opfer auf ein möglichst geringes Maß
herabzudrücken verstanden hätte. Wenn man Herrn von
Essen in der Folge zu viel gethan und Jahrzehnte lang
geglaubt hat, dieser Herr habe aus Liebedienerei Tau-
sende riga'scher Bürger ruinirt, so hat er sich das der
Hauptsache nach selbst zuzuschreiben gehabt. Männern in
der Stellung Essen's vergiebt man Alles eher, als Kopf-
losigkeiten und Ueberstürzungen: diese aber sind nach der
übereinstimmenden Meinung Aller, die den Kriegsgouverneur von 1812 amtiren sahen, vor, während und
nach dem 11. Juli begangen worden. Daß Mit- und
Nachwelt in der Art seines Todes eine Bestätigung ihres
Urtheils sahen, kann ihnen ebenso wenig verübelt werden,
wie die Meinung, daß Alexander I. den im October
1812 stattgehabten Wechsel im Obercommando über Riga
nicht ohne zwingende Gründe angeordnet habe. Die
Befehlshaber belagerter Festungen (und als solche wurde
Riga ja behandelt) pflegen Herrscher von der geistigen
Bedeutung Alexanders I. nicht ohne Noth zu wechseln.

Wenn mein Großvater auf das Kapitel von der
sog. Belagerung Riga's zu reden kam, so wurde er

wärmer und lebhafter, als das sonst seine Art war. Die
Befestigung Riga's war, seiner Meinung nach, bereits
vor hundert Jahren zwecklos und zu einer Last geworden,
mit welcher Krone und Stadt sich überflüssiger und schäd=
licher Weise schleppten. Er pflegte zu erzählen, schon in
den siebziger Jahren des vorigen Jahrhunderts habe ein
in russische Dienste getretener holländischer Ingenieur, Ge=
neral v. Witten, sich in diesem Sinne ausgesprochen, die ihm
aufgetragenen neuen Befestigungsarbeiten nur widerwillig
ausgeführt und der Kaiserin Katharina auf ihre Frage:
„Nun, mein lieber Witten, wenn die Schweden unser Riga
belagern sollten, würde es sich doch wohl drei Monate
halten", in seiner halb=niederländischen Sprachweise zur
Antwort gegeben: „Nit dri Dage, Ihro Majestät."

Keiner der von ihm erlebten Reformen der fünfziger
Jahre wandte der am Rande des Grabes stehende Greis
so lebhaften Antheil zu, wie der Niederlegung der ihm
von je verhaßt gewesenen Wälle, welche nicht nur die
Hauptschuld an der Katastrophe von 1812 getragen, son=
dern die Entwickelung der Stadt um ein Jahrhundert
gehemmt hatten. Er hielt mit der Meinung nicht
zurück, der Conservirung der Rigaer Befestigungen
hätten wesentlich gewinnsüchtige Motive der mit der
Verwaltung der Fortificationen und Wälle betrauten
Militärbeamten zu Grunde gelegen, welche die mit der

Commandantur verbundenen fetten Posten und die Gelegenheit zu „Geschäften", welche sich mit Reparaturbauten,
Lieferungen, Heuverkäufen u. s. w. machen ließen, nicht
aus den Händen geben gewollt. — Ueber den General
von Essen (den er persönlich gekannt) urtheilte mein Großvater gerade so ungünstig, wie seine Freunde und Zeitgenossen K. L. Grave, Hans Schwartz u. s. w. Mehr
wie ein Mal habe ich ihn sagen hören, der General sei
ein eitler, haltloser Narr gewesen, der sich dem
Kaiser gegenüber wichtig machen gewollt, und der „Be-
lagerungszustand gespielt habe", um dadurch zu Rang
und Orden zu kommen; es habe ihm jedes administrative
Talent, jede Fähigkeit zu planvollem Handeln gefehlt und
er sei in allen Stücken das Gegentheil des „Marquis"
gewesen, der bei aller gelegentlichen Härte und Rücksichts-
losigkeit stets bewiesen habe, daß wahrhaft bedeutende
Männer das Wohl ihrer Mitmenschen nie ohne Grund
außer Augen setzten und daß sie ihnen etwa fehlende
moralische Eigenschaften durch überlegene Intelligenz aus-
zugleichen wüßten.

„In Allem, was der Marquis that, war Methode
und das ist bei hochgestellten Beamten immer die Hauptsache! So leidenschaftlich und gewaltthätig er auch sein
konnte, — er ließ mit sich reden, er verschloß sich
nie gegen vernünftige Gründe und er wußte immer, was

er wollte\*)." — Ueber die folgenden Ereignisse theile ich mit, was mir aus den wiederholten Erzählungen meines Großvaters im Gedächtniß geblieben ist.

Am Nachmittage des 11. Juli 1812 stand mein Großvater vor der Thür seines an der großen Sandstraße

---

\*) Paulucci's livländische Popularität beruhte wesentlich darauf, daß er trotz seiner bedingungslosen Gefügigkeit gegen den Kaiser den Petersburger Behörden gegenüber die Interessen seines Verwaltungs= Bezirks rücksichtslos und unerschrocken vertrat. Daß dabei eine starke Dosis von Souveränitäts=Dünkel mit unterlief, erhellt mit besonderer Deutlichkeit aus dem Verweise, den er sich im Jahre 1814 dadurch zuzog, daß er einen Ministerialbeamten, der ohne vorgängige Anzeige bei ihm, dem General=Gouverneur, directe An= ordnungen in Riga getroffen hatte, verhaften ließ. Das höchst charakteristische Schreiben, welches der Kaiser in dieser Veranlassung an seinen Günstling richtete, trägt das Datum des 11. März 1814 und lautet wie folgt:

„Es ist zu meiner Kenntniß gebracht worden, daß ein von dem Minister des Innern abgesendeter Beamter, der die für die Durchreise der Kaiserin Elisabeth Alexejewna nöthigen Posteinrich= tungen treffen sollte, von Ihnen auf die Hauptwache geschickt wor= den ist (wörtlich: unter Wache gesetzt worden ist) und daß Sie öffentlich erklärt haben, daß kein Minister wagen solle, in Ihre Provinz Beamte abzusenden.

Ich finde, daß ein solches Vorgehen für den Dienst unpassend und der von mir festgesetzten Ordnung zuwiderlaufend ist, zumal die Entsendung des erwähnten Beamten ohne alle Beziehung auf die amtliche Stellung des Riga'schen Kriegs=Gouverneurs war und den Regeln der Postverwaltung entsprach, die in sämmtlichen Gouverne= ments unter der Leitung des Ministers des Innern steht. — Außerdem muß ich Ihnen bemerken, daß Ihr Verfahren auch die Gerechtig= keit verletzte. Was hatte der subordinirte Beamte denn verbrochen, der lediglich den Vorschriften seiner Vorgesetzten nachkam?"

belegenen Hauses, als er lautes Pferdegetrappel vernahm. Von der Sandpforte her kamen mit verhängtem
Zügel drei Reiter herangaloppirt, die an der Ecke der
Schloßstraße verschwanden und in athemloser Jagd („daß
die Funken stoben") dem Schlosse zueilten. Diese Reiter,
ein herrschaftlich gekleideter Mann und zwei Buschwächter,
sollen dem mit seinen Offizieren bei Tafel sitzenden Kriegs-
gouverneur v. Essen die verhängnißvolle (in der Folge als
irrthümlich festgestellte) Kunde gebracht haben, daß eine Abtheilung preußischer Truppen über die Düna zu setzen im
Begriff sei. Was diese Boten sonst berichtet hatten, blieb
unbekannt; auf ihre Veranlassung und auf das Andrängen
des in russische Dienste getretenen preußischen Oberst-
lieutenants v. Thielemann wurde (wie der Erzähler auf
Grund ihm gewordener Mittheilungen hinzufügte) eine
Stunde später die Ordre zu sofortiger Inbrandsteckung
der Petersburger und der Moskauer Vorstadt ertheilt.

Weiter erzählte mein Großvater, daß diese Ordre
mit einer Hast ausgeführt worden sei, welche den betroffenen Einwohnern die Rettung ihrer beweglichen Habe
unmöglich machte, daß zahlreiche Leute von der getroffenen
Anordnung erst Kunde erhielten, als ihre Häuser bereits
in Flammen standen (die in dem Clublocal der in der
Petersburger Vorstadt belegenen Gesellschaft „Euphonie"
anwesenden Mitglieder wurden durch den Wiederschein
der Flammen von ihren Kartentischen aufgeschreckt), daß

das Feuer mit rasender Geschwindigkeit um sich griff,
daß die Thore der inneren Stadt geschlossen und die
Abgebrannten bis in die Nacht hinein auf der Esplanade
zu verweilen genöthigt wurden. Mein Großvater sah dem
furchtbaren, die ganze Nacht und die folgenden Tage andauernden Schauspiel von einem Bodenfenster seines Hauses
zu; als das größte Haus der St. Petersburger Vorstadt
(das Gebäude der sogenannten Sommergesellschaft) auf-
brannte, zündete er, der als Actionär dieses im Eigenthum
der Musse befindlichen Gebäudes, einige hundert Rubel an
dasselbe gewendet hatte, mit seinem werthlos gewordenen
Actienschein eine Pfeife Tabak an! — Die folgenden
Tage vergingen in einer Noth und Verwirrung, die um
so größer und peinlicher war, als man bereits Morgens
nach der Katastrophe wußte, daß die Meldung des über-
eifrigen Försters und seiner Begleiter auf einem blinden
Lärm beruht hatte, daß die Preußen ihre Quartiere gar
nicht verlassen hatten und daß die Furcht vor einem
Ueberfall oder einer Belagerung der Stadt unbegründet
gewesen sei. — Nachdem die Abgebrannten bei ihren
städtischen Mitbürgern untergebracht und sonstige Vor-
kehrungen zur Linderung der plötzlich ausgebrochenen
Verlegenheit getroffen worden waren, stellte sich heraus,
daß die Ruinen der abgebrannten Stadttheile zu Schlupf-
winkeln eines zusammengelaufenen Gesindels geworden
waren, welches die Sicherheit der Stadt und ihrer

Umgegend auf das Schlimmste gefährdete. Um Abhilfe zu schaffen, trat eine größere Anzahl von städtischen Pferdebesitzern zusammen, welche eine berittene Sicherheitswache bildeten und (mit über den Ueberrock geschnalltem Pallasch) Nachts durch die Straßen der Ruinenstadt zogen, um auf Ordnung zu sehen. — Zum Beweise für die Ersprießlichkeit dieser Maßregel pflegte mein Großvater den nachstehenden, selbst erlebten Vorgang zu erzählen.

„Als wir eines Abends unseren gewohnten Umzug hielten, bemerkten wir, daß in einer auf dem Fundament eines abgebrannten Hauses erbauten leichten Holzbaracke zu später Stunde noch Licht brenne. Unser Anführer beorderte mich und zwei andere Reiter in die Baracke zu gehen und daselbst Visitation zu halten. Wer beschreibt unseren Schrecken, als wir in dem leichten Bau vier Soldaten dasitzen sahen, die bei dem schwachen Schimmer einer offenen, entsetzlich qualmenden Talgkerze Patronen fabricirten, einen Theil ihres ziemlich ansehnlichen Pulvervorraths unbedeckt auf den Tisch und Fußboden geschüttet hatten und unsere Bestürzung über ihr Treiben schlechterdings nicht zu verstehen vermochten. Einer meiner Begleiter hatte die Geistesgegenwart, die gefährliche Kerze sofort mit einem Tuch zu bedecken und auszulöschen — wir anderen riefen die Kameraden herbei, packten die Soldaten und zwangen die thörichten, nichts ahnenden Leute

uns zur Hauptwache zu folgen, wo sie in Gewahrsam
genommen wurden."

„Ruhe, Ordnung und Vertrauen", so schloß der alte
Herr seine Berichte über das denkwürdige Jahr 1812,
„kehrten erst wieder, als Essen abberufen und durch den
Marquis ersetzt wurde." Und dann erging er sich im
Lobe des geistreichen Administrators, der während der
folgenden fünfzehn Jahre über Riga gewaltet hatte, dem
die Vorbereitungen der berühmten Convention von
Tauroggen zu danken gewesen waren, der nach der Rückkehr von seinem Memeler Siegeszuge den Wiederaufbau
der Vorstädte in die Hand genommen, mit der ihm
eigenen Energie durchgeführt und in der Folge so zahlreiche Maßregeln zum Wohl der ihm anvertrauten Provinzen getroffen hatte, daß er trotz seiner despotischen
Neigungen und trotz seiner Gleichgiltigkeit gegen das for-
male Recht zum populärsten baltischen Generalgouverneur
der gesammten älteren Zeit wurde.

Personen, die bis in die vierziger Jahre zurück-
zudenken vermögen, werden mir bezeugen, daß die Popularität des „Marquis" (der Name dieses merkwürdigen
Mannes braucht, denke ich, auch heute nicht besonders
genannt zu werden), noch fortlebte, als der Träger derselben längst in seine italienische Heimath zurückgekehrt,
seine Zeit spurlos verrauscht war! Lebhaft erinnere ich
mich des Eindrucks, den die Kunde von dem am 13. (25.)

Januar 1849 erfolgten Ableben des als Generalgouverneur von Genua verstorbenen dereinstigen Riga'schen
Kriegs- und Generalgouverneurs auf alle damals lebenden
älteren Leute machte: der seitdem längst (1865) verstorbene
wirkl. Staatsrath v. Doppelmayr *) hatte diese Nachricht
durch eine in der „Rig. Ztg." erlassene Anzeige zur Kenntniß der zahlreichen Anhänger und Freunde gebracht, die
der Marquis bei seinem Scheiden aus Riga (1830) zurückgelassen hatte.

---

*) Herr v. Doppelmayr (der dem Marquis besonders nahe gestan-
den) war im Jahre 1812 dessen erster Secretär.  Er und der 1848
verstorbene, damals in der Kanzlei des Generalgouvernements beschäftigte kurländische Regierungsrath Georg Baron Fölkersahm
(von 1813 bis 1829 Kanzleidirector des Generalgouvernements, von
1829 bis 1847 Civilgouverneur von Livland) gehörten zu den wenigen Mitwissern der mit York gepflogenen geheimen Correspondenz
des Marquis, den sie in der Folge nach Memel begleiteten.

# Epilog.

Was die vorliegenden Blätter zu berichten gehabt, ist nicht den Erinnerungen an einen einzelnen Mann, sondern der Erinnerung an Zustände und Vorgänge unserer vaterländischen Vergangenheit gewidmet gewesen. Auch in der Folge wird der Memoirenschreiber den eigenen Lebensgang nur zum Faden dessen machen, was er von zeitgenössischer Geschichte seiner nächsten Umgebung berichten zu können glaubt. Wem das Leben vornehmlich d a s bedeutet, was sein Land und was d i e Freunde erlebt haben, in denen er die Welt sieht, für den kommt die eigene Geschichte nur als ein Theil seiner Heimaths= geschichte in Betracht. Aus den Erlebnissen der Einzelnen aber setzen sich die Geschicke der Gesammtheit zusammen: nur wenn er an diesem Gesichtspunkt festhält, darf der Einzelne, der ein Einzelner geblieben, das Recht in An= spruch nehmen, von sich selbst zu reden.

Die Lücken der Erzählungen, die in dieses Buch aufge-
zeichnet worden, habe ich aus zeitgenössischen Darstellungen
zu ergänzen versucht, um auf solche Weise einen zusammenhängenden Bericht herzustellen. Dieser Bericht schließt mit
dem Jahre 1812. Obgleich mein Großvater die „Belagerung
von Riga" um mehr als vier Jahrzehnte überlebt und erst
zu Anfang der dreißiger Jahre dem öffentlichen Leben den
Rücken gewandt hatte, ließ er sich auf Mittheilungen, welche
die spätere Zeit betrafen, nur ausnahmsweise ein. Etwa die
Aufhebung der Leibeigenschaft ausgenommen, berührte er
in seinen abendlichen Mittheilungen die Geschichte der
letzten Decennien seines Lebens so gut wie niemals: was
auf diesen Zeitraum Bezug hat, habe ich aus gedruckten
und ungedruckten Zeugnissen sammeln müssen, um die
eigene, mir erst um die Mitte der vierziger Jahre zum
Bewußtsein gekommene Existenz mit dem Boden in Zusammenhang zu bringen, auf dem unser Geschlecht steht.

Dieser Umstand wird den auf den folgenden Blättern
unternommenen Versuch einer leicht gezimmerten Brücke,
zwischen dem Endpunkt der „Erzählungen meines Großvaters" und dem Anfangspunkt meiner eigenen Erzählung,
gerechtfertigt erscheinen lassen. In übersichtlicher Kürze,
eigentlich nur in Ueberschriften sollen die livländischen
Hauptereignisse namhaft gemacht werden, die zwischen den
Tagen der Freiheitskriege und der Epoche liegen, von
welcher die heute lebende Generation die bestimmenden

Eindrücke empfangen hat. Gehört doch nahezu Alles, was die Signatur der heutigen Lage Liv-, Est- und Kurlands bildet, dem Zeitalter an, das zwischen den Kriegen des ersten Napoleon und den großen europäischen Umwälzungen der jüngsten Vergangenheit sein Dasein hinspann. Hierher gehören:

Die Aufhebung der Leibeigenschaft, die in Estland 1816, in Kurland 1817, in Livland und Oesel 1818 verkündigt wurde.

Der Erlaß eines neuen Statuts für die Universität Dorpat vom Jahre 1820, durch welches die im Jahre 1817 verbesserten Gehalte der Professoren etatisirt, die Rechte des Conseils auf eine feste Grundlage gestellt und die Zahl der Ordinarien auf dreißig erhöht wurde.

Die Begründung der Lehr- und Erziehungs-Anstalt zu Birkenruhe im Jahre 1825 durch Albert Hollander.

Der Tod des General-Superintendenten Dr. Karl Gottlob Sonntag († 1827), der seit dem Jahre 1803 die livländische Kirchenverwaltung in patriotischem, wahrhaft freisinnigem Geiste geleitet und dem livländischen Bildungsfortschritt als Kanzelredner, Lehrer und Schriftsteller unvergleichliche Dienste geleistet hatte.

(Sonntag's Nachfolger waren:

K. E. Berg 1827—1833,

R. v. Klot 1833—1855,

Dr. Ferdinand Walter 1855—1864,

P. Carlblom (stellv.) 1864—1865,

Dr. A. Christiani 1865—1881,

H. Girgensohn seit 1881.)

1829 der Rücktritt des Kurators des Dorpater Lehrbezirks
Fürsten Lieven, der 1817 an die Stelle Klinger's
getreten war.

(Das Amt des Dorpater Kurators haben seitdem
verwaltet:

> Baron Pahlen 1829—1836 (von 1830—
> 1836 zugleich Generalgouverneur der Ost=
> seeprovinzen),
>
> General v. Crafftström 1836—1854, wäh=
> rend der traurigsten Periode der Dorpater
> Universitätsgeschichte,
>
> Geheimrath v. Bradke 1854—1862, dem
> Universität und Studentenschaft ihre Er=
> neuerung verdanken,
>
> Graf Alex. Keyserlingk 1862—1869,
>
> w. Staatsrath Gervais,
>
> w. Staatsrath Saburow,
>
> Baron Stackelberg.)

1830, 5. Januar verläßt der Marquis Paulucci Riga.
An seine Stelle tritt der Kurator des Dorpater
Lehrbezirks Baron v. d. Pahlen in das Amt
eines Generalgouverneurs von Liv=, Est= und Kurland.

1832 wird die lettische Zeitung „Latweeschu Awiſes" be=
gründet.

1832 wird das Gesetz für die evangelisch-lutherische Kirche Rußlands erlassen und auf die Ostseeprovinzen Liv-, Est- und Kurland ausgedehnt, die bis dahin der Stellung ihrer Landeskirche entsprechende eigene Kirchenordnungen besessen hatten und deren kirchliche Verhältnisse erst von diesem Zeitpunkte an nach reichsrechtlichen Grundsätzen beurtheilt wurden.

1833 wird die Gesellschaft für Geschichte und Alterthumskunde der Ostseeprovinzen begründet.

1836 findet die Feier des ersten Rigaer Musikfestes statt. In demselben Jahre wird durch Ukas vom 29. Juli 1836 ein Vicariat der griechisch-orthodoxen Eparchie Pleskau in Riga begründet und durch dasselbe die Einrichtung eines griechisch-orthodoxen Erzbisthums für Liv- und Kurland vorbereitet.

— Begründung der Wochenschrift „Das Inland" (eingegangen im Jahre 1863).

1838 Begründung der „Mittheilungen für die evangelisch-lutherische Kirche Rußlands".

1840 Niedersetzung einer Commission zur allendlichen Redaction des baltischen Provinzialgesetzbuchs.

1841 wird das Recht der Bürgerlichen zur Pfändung livländischer Rittergüter, von zehn Jahren auf drei Jahre (mit dreimaliger Erneuerung) beschränkt und dadurch der Grund zu einem tiefgehenden ständischen Gegensatz gelegt.

1841 wird der Bischof von Starizk Jrinarch als grie=
chisch=orthodoxer Bischof nach Riga versetzt. Aus=
bruch der durch zwei aufeinander folgende Miß=
ernten veranlaßten bäuerlichen Silteßemme=Bewegung
(Verlangen zur Versetzung nach Südrußland), die
der neue griechisch=orthodoxe Bischof zu Conversions=
versuchen im Interesse seiner Kirche ausbeutet. Durch
Anwendung strenger Repressionsmaßregeln wird
diese Bewegung zeitweilig gehemmt, der Bischof
Jrinarch wegen Förderung derselben am 12. October
seiner Stellung enthoben und nach Pleskau versetzt.
An seine Stelle tritt im December desselben Jahres
der Bischof Philaret (Gumilewski), der das begon=
nene Werk der Conversion des livländischen Land=
volks nach längerer planvoller Vorbereitung einige
Jahre später neu in die Hand nimmt.

1842 am 21. November wird der bisherige Rector der
Dorpater Universität und Professor der praktischen
Theologie Dr. Karl Christian Ulmann wegen einer
ihm von der Studentenschaft bereiteten patriotischen
Ovation entsetzt und aus Dorpat entfernt. Sein
Geschick theilen der Decan der Juristenfacultät
v. Bunge und der Rector Volckmann; Prof. v. Madai
legt freiwillig sein Amt nieder und verläßt Dorpat.
—  Begründung der Schmidt'schen Lehr= und Erziehungs=
Anstalt zu Fellin.

1842 Begründung des Kurländischen Volksschullehrer-Seminars zu Irmerlau.

1843 In St. Petersburg wird eine Commission niedergesetzt, welche die Eventualität einer Auflösung der Universität Dorpat berathen soll, sich indessen durch ein vom 22. April datirtes Gutachten gegen diese Maßregel ausspricht.

1845 am 25. März wird der General der Infanterie E. Golowin an Stelle des Baron v. d. Pahlen zum Generalgouverneur der Ostseeprovinzen ernannt.

— Einführung von russischem Maaß und Gewicht.

— Beginn erneuter Conversionen unter dem livländischen Landvolk, die dieses Mal in großem Styl und unter dem Schutz des Generalgouvernements unternommen werden. Nachdem dem Bischof Philaret durch den Synod die Erlaubniß zur Abhaltung griechisch-orthodoxer Gottesdienste in lettischer und estnischer Sprache und durch ein vom 7. August desselben Jahres datirtes Schreiben der Segen des Metropoliten von Moskau ertheilt worden, durchzieht eine sogenannte fliegende Kirche Livland, um die durch Versprechungen der verschiedensten Art in Bewegung gesetzten Massen an sich zu fesseln. Es wird der Bau zahlreicher neuer griechisch-orthodoxer Kirchen in Livland beschlossen. Im Jahre 1844 hatte die Zahl sämmtlicher dem „Vicar für Liv- und

Kurland" unterstellten Kirchen nach dessen eigener
Angabe fünfundzwanzig mit 20,686 Gläubigen be=
tragen — im Jahre 1848 gab es 98 griechisch=
orthodoxe Gemeinden, denen 138,410 Personen an=
gehörten. Bis zum Jahre 1846 hatte Philaret
33 neue Gemeinden eröffnet und sich 225,196 Rubel
für die Erbauung von 25 kirchlichen Gebäuden von
der Staatsregierung bewilligen lassen.

1845 am 1. Juli werden die beiden ersten Bände des
Provinzialgesetzbuchs (Th. 1 Behördenverfassung,
Th. 2 Ständerecht) durch einen kaiserlichen Ukas
bestätigt. Art. 2 des 1. Th. bestimmt, daß in allen
durch dieses Gesetzbuch nicht vorgesehenen Fällen
„die Wirkung der allgemeinen Gesetze des Reiches
auch in diesen Gouvernements und Provinzen volle
Kraft behalten solle". Der Art. 876 schließt die
(seit dem Jahre 1841 auf dreijährige Pfändungen
beschränkten) Bürgerlichen Livlands von dem Rechte
zum Erwerb von Rittergütern allendlich aus, indem
er gleichzeitig das Vorkaufsrecht der immatriculirten
Edelleute bestätigt.

— Eine von dem Staatsrath Chanykow und dem
Collegienrath Adolf Baron Stackelberg geleitete
Commission zur Prüfung (Revision) der Verwaltung
der livländischen Städte trifft in Riga ein, um einen
systematischen, durch ein umfassendes Spionirsystem

unterstützten Krieg gegen die städtische Verwaltung
zu eröffnen, in welchem der ehemalige Bürgermeister
Timm auf die Seite der Feinde seiner Vaterstadt tritt.

1845 Publication der von dem livländischen Ritterschafts-
Convent beschlossenen sogenannten „77 Punkte",
durch welche eine vorläufige, auf Grund der schwedischen Wackenbücher normirte Abgrenzung der bäuerlichen Gehorchsleistungen in's Werk gerichtet wird.

1846 Fortdauer der Agitation für Ueberführung der lu-
therischen Bauern Livlands zur griechisch-orthodoxen
Kirche.

— Entsendung einer Ritterschafts-Deputation nach St.
Petersburg und Publication einer von dem Thron-
folger (für den abwesenden Kaiser) erlassenen Ver-
ordnung, welche für diejenigen Lutheraner Livlands,
die zur griechisch-orthodoxen Kirche übertreten wollen,
eine vorläufige Anschreibung mit folgender sechs-
monatlicher Bedenk- und sechswöchentlicher Lehrzeit
vorschreibt.

1847 Der livländische Civilgouverneur Georg Baron
Fölkersahm wird seiner Stellung enthoben und
durch den wirklichen Staatsrath v. Essen ersetzt.

1848 am 1. Januar wird an Stelle des General Golowin
der Fürst A. A. Suworow zum Generalgouverneur
der Ostseeprovinzen ernannt und damit ein neuer
Abschnitt in der Geschichte derselben begonnen.

1848 Nachdem die Conversionsbewegung in Stillstand gebracht worden, wird am 6. November der Bischof Philaret nach Charkow versetzt und durch den Bischof Platon ersetzt.

— Im Sommer desselben Jahres wird Hamilcar Baron Fölkersahm zum Landmarschall erwählt und der Grund zu einer neuen Agrar= und Bauerverordnung gelegt, welche Beseitigung der Arbeitspacht, Ein= führung der Geldpacht und Begründung des bäuer= lichen Grundbesitzes anstrebt, zu dessen Erleichterung die sogenannte Bauer=Rentenbank eingerichtet wird.

1849 Ein kaiserlicher Ukas bestimmt, daß die Zahl der Studirenden an sämmtlichen russischen Universitäten ausschließlich der Mediciner und Theologen, nicht mehr als dreihundert betragen darf.

— Sämmtliche Buchhandlungen Liv=, Est= und Kur= lands werden wegen angeblichen Besitzes verbotener Bücher für mehrere Monate gesperrt.

1850 Ein kaiserlicher Ukas vom 3. Januar bestimmt:

1) Die Gouvernements=Regierungen und alle Kronsbehörden müssen ihren Schriftwechsel in russischer Sprache führen, nicht nur mit den obersten und allgemeinen Reichsbehörden und Verwaltungen und den Behörden außerhalb der Ostseegouvernements, sondern auch mit allen in den Ostseegouvernements befindlichen Behörden

und Personen, die ihre Geschäfte selbst nicht in deutscher, sondern in russischer Sprache verhandeln, desgleichen auch mit allen in den Ostsee=gouvernements befindlichen Militär=Behörden und Personen.

(In dem 1845 erlassenen Prov.=Gesetzb. Art. 126 hatte es geheißen:

In den Behörden der Ostseegouvernements werden die Geschäfte im Allgemeinen in deutscher Sprache verhandelt, außer in den Bauergemeinde=Gerichten, wo sie in der örtlichen estnischen oder lettischen Sprache verhandelt werden.

Anmerkung. Behufs der Abfassung von Schrif=ten in russischer Sprache für die Correspondenz mit den allgemeinen Behörden und Verwaltungen des Reiches und den Behörden anderer Gouvernements giebt es in den Behörden der Ostseegouvernements besondere Expeditionen oder Translateure.)

2) Der Generalgouverneur hat darauf zu sehen, daß in Zukunft als Mitglieder und als höhere Kanzleibeamte der Kreisbehörden vorzugs=weise solche Personen angestellt werden, die hin=längliche Kenntniß in der russischen Sprache be=sitzen, um in denselben Geschäfte führen zu können.

3) Vom 1. Januar 1858, also nachdem die jetzt in den Gymnasien und der Universität des

Dorpater Lehrbezirks Beginnenden den vollen
Cursus durchgemacht haben, sollen zu allen Aem=
tern sowohl als Mitglieder als auch als Kanzlei=
beamte der Kronsbehörden des Ostseegebietes nur
solche Personen angestellt werden, welche gründ=
liche Kenntnisse in der russischen Sprache besitzen
und im Stande sind, in derselben Geschäfte zu
führen.

4) Wenn nach Dafürhalten der höchsten Gou=
vernements=Obrigkeit die Zahl solcher Beamten
in allen Kreisbehörden hinreichend ist, so hat
dieselbe eine besondere Vorstellung zu machen
über die Feststellung eines positiven und be=
stimmten Termins, von dem an die Geschäfts=
führung in denselben ausschließlich in russischer
Sprache statthaben solle.

(Bis zum Jahre 1867 wurde von der Ausfüh=
rung dieses Ukases abgesehen.)

1850 Ausweisung des Dorpater Professors v. Osen=
brüggen und Entlassung des Docenten V. Hehn.
G. Merkel †.

1851 Dem Conseil der Universität Dorpat wird das
Recht zur Erwählung des Rectors entzogen und ein
vom Unterrichtsminister ernannter Rector vorgesetzt.

1852 Eröffnung der ersten telegraphischen Linie in Livland.

— Die Universität Dorpat feiert unter lebhafter

Theilnahme der gesammten gebildeten Bevölkerung der Ostseeprovinzen die Jubelfeier ihres fünfzig= jährigen Bestehens.

1854 Tod des Curators Crafftström, an dessen Stelle der Senator Bradke tritt.

Am 19. Februar (2. März) 1855 stirbt der Kaiser Nikolaus.

Während dieses Zeitraums haben fungirt:
als livländische Civilgouverneure:

Staatsrath du Hamel bis 1827,

Baron Hahn 1827—1829,

G. Baron Fölkersahm 1829—1847,

M. v. Essen 1847—1862;

als livländische Landmarschälle:

Baron Schoultz=Römneshof 1812—1818,

Generallieut. Loewis of Menar 1818--1824
(stellv. Baron Ungern=Sternberg),

Georg Karl v. Järmerstädt 1824—1827,

Baron Löwenwolde 1827—1830,

v. Grote 1830—1833,

R. v. Liphart 1833—1836
(stellv. Baron Bruiningk),

v. Richter 1836—1839
(stellv. Graf Stackelberg,
v. Richter,
v. Smitten),

Alexander v. Dettingen 1839—1842,

v. Hagemeister 1842—1844,

K. v. Lilienfeldt 1844—1848,

Hamilcar Baron Fölkerſahm 1848—1851,

Guſtav Baron Nolcken 1851—1854,

v. Stein † 1854,

G. Baron Nolcken (ſtellv.) 1854—1857.

---

Die dreißigjährige Regierungszeit des Kaiſers Nikolaus zerfällt, ſo weit es ſich um die Oſtſeeprovinzen handelt,
in zwei ſcharf von einander geſchiedene Abſchnitte: eine
Periode geiſtiger und materieller Verkümmerung, welche
Paulucci's Vorherſagung „La Livonie finira par une
parfaite ressemblance avec la Russie moscovite" wahr-
zumachen drohte, und eine Periode plötzlichen und
ſchreckensvollen Erwachens aus einem politiſchen und ſitt-
lichen Winterſchlaf, deſſen Fortdauer mit Erſtarrung und
Tod gleichbedeutend geworden wären. Als Zeitpunkt
dieſes Erwachens kann das Jahr 1845 bezeichnet werden,
welches die Geſammtheit der geſchichtlichen Bedingungen
unſerer Exiſtenz in Frage ſtellte und die Verſäumniſſe,
deren die herrſchenden Claſſen ſich ein Vierteljahrhundert
lang ſchuldig gemacht hatten, plötzlich und unbarmherzig
bloßlegte. Die agrariſche Organiſation Livlands drohte
an ſich ſelbſt zu Grunde zu gehen, der beſtehenden

Städte=Ordnung wurde durch die Stackelberg=Chanykow=
sche Commission, der Landeskirche durch die von dem Ge=
neralgouvernement unterstützte griechisch=orthodoxe Propa=
ganda der Krieg erklärt, ein offener und erklärter Feind des
baltisch=deutschen Wesens trat an die Spitze des General=
gouvernements und der Fortbestand der Universität Dorpat
wurde wiederholt in Frage gestellt. Bis zu diesem Zeit=
punkt einer anscheinend unvermeidlich gewordenen Bank=
rotterklärung des baltisch=deutschen Elements hatte es an
wirklicher Einsicht in die Schwierigkeiten der Lage ebenso
vollständig gefehlt, wie an der Fähigkeit und an dem
Willen, denselben zu begegnen. Erst nachdem während
des folgenden Lustrums unaufhörliche neue Schläge gegen
unsere Institutionen und gegen unseren Zusammen=
hang mit der deutschen und westeuropäischen
Civilisation geführt worden waren, brach sich (zunächst
in einem engen Kreise aufgeklärter Patrioten) die Erkennt=
niß Bahn, daß es auf dem eingeschlagenen Wege nicht
weitergehe und daß eine Abwendung des hereinbrechenden
Verderbens nur noch möglich sei, wenn der ständische
Particularismus gebrochen, zwischen Ritterschaft und
Bürgerthum Frieden geschlossen und mit vereinten Kräften
an der sittlichen und materiellen Emancipation des lettisch=
estnischen Bauernstandes gearbeitet werde. Es vergingen
indessen noch Jahre, bevor auch nur die Ueberzeugung,
daß es sich um eine systematische Bedrohung der höchsten

12 *

Güter unserer Bildung und Nationalität handle, Gemein=
gut der Gebildeten wurde. Im Adel war noch vielfach
die aus der Zeit der sogenannten Restauration überkom=
mene, den Verhältnissen der folgenden Periode künstlich
angepaßte Vorstellung verbreitet, nur in engem Anschluß
an das absolutistische, dem westeuropäischen Wesen feind=
liche System des Kaisers Nikolaus und in starrem Fest=
halten an den im Laufe des 18. Jahrhunderts auf ihre
gegenwärtige Höhe gebrachten Vorrechten der Immatri=
culirten, sei für die conservativen Elemente des baltischen
Lebens das Heil zu finden; auf den nationalen Inhalt
der alten landesstaatlichen Einrichtungen wollte man
Verzicht leisten, um die Formen derselben und in diesen
Formen die privilegirte Stellung der Adels=Corporationen
zu erhalten. Die Gebundenheit des Landvolkes wurde
als Bedingung für den Fortbestand der autonomen Ver=
fassung, der durch die Universität vermittelte Zusammen=
hang mit den Ideen des Jahrhunderts als Gefahr für
die bestehende Ordnung behandelt. In dem durch die
Ausschließlichkeit des Adels zurückgestoßenen und ver=
stimmten Bürgerthum sah man nicht mehr einen gleichbe=
rechtigten Mitstand, sondern einen revolutionären Eindring=
ling, der außerhalb der städtischen Mauern höchstens
Duldung beanspruchen dürfe und dessen Geschicke für die
Zukunft des Landes nur beiläufig in Betracht kämen.

Bis zu einem gewissen Grade fand diese Auffassung

in der Lage der Verhältnisse eine Entschuldigung. Das baltische Bürgerthum jener Zeit zerfiel in eine Anzahl von Coterien, denen jedes gemeinsame Band, jede bestimmte Beziehung zu dem Lande und zu den übrigen Ständen und großen Theils auch der Wille und die Fähigkeit fehlte, aus dieser Isolirung herauszutreten. Riga gefiel sich in einer Ausschließlichkeit, die dem Adel gegenüber ebenso rücksichtslos geltend gemacht wurde, wie gegenüber den kleineren Städten des Landes, auf welche man hochmüthig herabsehen zu dürfen glaubte. Ebenso isolirt standen die Universität und die Geistlichkeit da — einig waren die verschiedenen Elemente des Bürgerthums nur in ihrer Abneigung gegen den Adel, dem man jede Demüthigung gönnte und dem man die Verkommenheit der bäuerlichen Zustände ohne jede Ahnung der eigenen Mitschuld ausschließlich auf die Rechnung setzte. Von einem Zusammenhang zwischen den drei Provinzen war in keiner derselben auch nur entfernt die Rede — erst 15 Jahre später, nachdem sich längst eine Wendung zum Bessern vorbereitet hatte, begann sich eine erste dämmernde Ahnung davon zu regen, daß Liv-, Est- und Kurland zusammengehörige, an dieselben Existenzbedingungen gebundene Theile desselben Landes seien. — Während der vierziger Jahre waren die drei Provinzen einander so vollständig entfremdet gewesen, daß die livländischen Vorgänge an der Mehrzahl

der Kur= und Estländer wirkungslos vorübergingen und
daß die gegen diese eine Provinz gerichteten Angriffe
vielfach als für die Schwesterprovinzen nicht in Betracht
kommend angesehen wurden.

Der Umschwung, der sich während des zwischen der
Ernennung des Generalgouverneurs Golowin und dem
Tode des Kaisers Nikolaus liegenden Decenniums vollzog,
blieb zunächst auf Livland beschränkt, wo die Tage ge=
meinsamer Noth und Gesahr eine gewisse Annäherung
der verschiedenen Stände erzwungen hatten. Neben dem
Kampf für die Aufrechterhaltung des in dem Provinzial=
gesetzbuch zum Ausdruck gebrachten Rechtszustandes
bildete die Sorge um die Besserung der Lage des
Bauernstandes den Boden, auf welchem die hervorragen=
deren Vertreter der Ritterschaft, der Geistlichkeit, der
Stadt Riga und in der Folge auch der Universität Dorpat
einander gelegentlich begegneten: von bewußtem, plan=
mäßigem Zusammenwirken war anfänglich ebenso wenig die
Rede, wie von einem Verlassen der bloßen Defensive. Wäh=
rend die liberale Adelspartei die Ausführung der Agrar=
und Bauerverordnung von 1849 in die Hand nahm, wandte
die Geistlichkeit sich vornehmlich der Pflege des Volks=
schulwesens zu, in welchem man eine wirksame Waffe
gegen die Weiterverbreitung des griechisch=orthodoxen
Kirchenthums und für die Erhaltung und Befestigung
des protestantischen Bewußtseins sah; außerdem ließ man

sich angelegen sein, Conflicte zwischen der Ritterschaft und
der Stadt Riga (der einzigen damaligen Repräsentantin
des Bürgerthums) möglichst zu vermeiden und dem heran=
wachsenden Geschlecht eine sorgfältigere und gewissenhaf=
tere Benutzung der durch die Landesuniversität gebotenen
Bildungsmittel zur Pflicht zu machen.

Daß diese innere Erneuerung des livländischen
Lebens (als deren vornehmste Träger der Landmarschall
Fölkersahm, der spätere Generalsuperintendent Ferdinand
Walter und der spätere Riga'sche Bürgermeister Otto
Mueller bezeichnet werden können) sich unter äußerlich
höchst schwierigen Verhältnissen vollzog, — daß die Ab=
sperrung von Deutschland, dessen Bildung und Literatur
eben damals ihren Höhepunkt erreicht hatte, — daß
die materiellen Verhältnisse aller Stände höchst be=
scheidene, um nicht zu sagen ärmliche, waren und daß es
an Berührungen mit den großen und gesinnungs=
verwandten Elementen in den beiden, von der Noth der
vierziger Jahre so gut wie unberührt gebliebenen
Schwesterprovinzen vollständig fehlte, ist ebenso bekannt,
wie daß die auf dem Gebiete der agrarischen Organisation
angestrebten Reformen einen nur langsamen, wiederholt
unterbrochenen Fortgang nahmen. Nichtsdestoweni=
ger ist es diese Zeit schweren äußeren Drucks
gewesen, welcher das baltische Land den Umschwung
der sechziger Jahre und die höhere Stufe materieller,

sittlicher und politischer Bildung zu verdanken hat, welche
es gegenwärtig einnimmt. Die Männer, welche auf
diesen Umschwung in der Folge bestimmenden Einfluß
geübt haben, sind fast ausnahmelos während dieser Periode empor gekommen und unter den Eindrücken derselben zu bewußten Trägern eines bestimmten politischen
Gedankens geworden. Von den Ideen aber, um deren
Verwirklichung es sich gegenwärtig handelt, kann behauptet
werden, daß sie erst im Drang der Conversions-Periode
wirkliche Wurzel geschlagen und daß sie unter dem Schutz
des kleinen Kreises der damaligen geistigen Führer zu Bäumen geworden sind, die das gesammte Land, d. h. alle drei
Provinzen überschatten. Aus jener Zeit rührt die engere
Verbindung zwischen der Landesuniversität und den baltischen Ständen her, von welcher bis zur Mitte der vierziger Jahre kaum eine Spur zu entdecken gewesen war und
deren Vermittelung eines Theils Walters persönlichem
Einfluß, andern Theils dem Umstande zu danken war,
daß eine Anzahl in patriotischen Traditionen aufgewach-
sener, wenigstens mittelbar durch Fölkersahm beeinflußter
Söhne des Landes, den akademischen Lehrberuf ergriff.
Die heutige Auffassung, nach welcher die ständischen Privilegien zu Landesprivilegien zu erweitern und in einen
organischen Zusammenhang zu bringen sind, ist das
directe Ergebniß des Eindrucks, den das Mißverhältniß
zwischen dem alten Landesrecht und der Codification von

1845 auf die Zeitgenossen der Verkündigung jenes Ge=
setzbuchs gemacht hatte, — das Verlangen nach einem
ehrlichen Friedensschluß mit dem emancipirten lettisch=
estnischen Landvolk, das Product der während der Jahre
1841 bis 1845 auf agrarischem und kirchenpolitischem
Gebiete gemachten Erfahrungen. Endlich besteht zwischen
dem zuerst in den sechziger Jahren öffentlich ausgespro-
chenen Gedanken der Interessen=Solidarität der drei Provinzen und dem Ideenkreise der vierziger Jahre ein
wenigstens indirecter Zusammenhang. Die livländischen
Patrioten jener Zeit waren die ersten baltischen Deutschen,
welche die Unauskömmlichkeit der ständischen Ausschließ=
lichkeit klar erkannten und eine Zusammenfassung aller
deutschen Kräfte Livlands verlangten. Diese Durchbrechung
der ständischen Schranken hat die Durchbrechung der
provinziellen Particularitäten zur unvermeidlichen, wenn
auch nur allmälig gezogenen Consequenz gehabt. Eine
deutliche Formulirung, öffentliche Verkündigung und
Popularisirung des Gedankens der baltischen Interessen=
Solidarität wurde aber erst möglich, nachdem die Ostsee=
provinzen in den Besitz einer Presse gelangt waren, welche
ein Heraustreten aus der rein privaten Existenz möglich
machte.

Ihre äußere Signatur hat die neueste Periode un=
serer Geschichte vornehmlich durch die Oeffentlichkeit
erhalten, welche nach dem Tode des Kaisers Nikolaus möglich

und dadurch nothwendig wurde. Es war zunächst ein kos=
mopolitisch=liberaler Zug, der nach dem Zusammenbruch des
Nikolaitischen Systems über das Land wehte, — die seit dem
Jahre 1863 gemachten Erfahrungen belehrten uns aber
so rasch und so unwidersprechlich darüber, daß jedes Ver=
lassen des geschichtlichen Bodens der baltischen Pro=
vinzialexistenz mit einem Verzicht auf die wichtigsten
Güter unserer Cultur gleichbedeutend sei, daß schließlich
Alle, die es mit der Aufrechterhaltung protestantisch=
deutscher Gesittung an den Ufern des finnischen und des
Riga'schen Meerbusens ernst meinten, zu der alten
Fahne zurückkehrten. Wohl gehen die Meinungen über
das Maß dessen, was erhalten werden soll und dessen,
was der Erneuerung bedarf, noch immer weit auseinander,
wohl kehren Reibungen zwischen den verschiedenen In=
teressen und deren Vertretern unaufhörlich wieder: über
die Grundlage, von welcher auszugehen ist, hat man sich
indessen verständigt, und über gewisse Punkte braucht
überhaupt nicht mehr gestritten zu werden. Die gebildeten
Liv=, Est= und Kurländer reden dieselbe politische Sprache,
seit sie wissen, daß ihre Interessen im letzten Grunde
dieselben sind und daß die speciellen Gruppen, denen sie
angehören, in den Dienst einer und derselben Sache ge=
stellt sind.

Dazu das Fundament gelegt zu haben, ist das eigen=
thümliche Verdienst der vierziger und fünfziger Jahre

gewesen. Dieser Periode verdanken wir die Wiederher=
stellung eines livländischen Landesbewußtseins und
Landesgewissens, das sich in der Folge zu einem
baltischen Provinzialbewußtsein erweitert hat. Ein=
zelnen hervorragenden Männern hatte eine Ahnung von
der Solidarität der baltischen Interessen schon früher
gedämmert, — das Gros unserer Gebildeten aber hatte
sich während des 18. Jahrhunderts und während der ersten
vier Jahrzehnte unseres Säculums mit einer rein stän=
dischen Existenz begnügt, einer Existenz, die an sich selbst
und an dem Bewußtsein genug hatte, unter dem Schutz
einer starken Regierung zu stehen. Ueber gelegentliche
patriotische Regungen und Anläufe war man auch wäh=
rend der statthalterschaftlichen Periode niemals heraus=
gekommen und nachdem diese Periode überstanden war,
hatte man sich in Stadt und Land gleich eifrig beflissen
gezeigt, die von derselben empfangenen Lehren wieder
zu vergessen. Das milde und wohlmeinende Regiment
Kaiser Alexanders I. war in dieser Rücksicht besonders
gefährlich gewesen, weil es dem aufgeklärten Despotismus
zahlreiche Anhänger zugeführt hatte, — Anhänger, die
sich aus den Kreisen der besten Söhne des Landes
recrutirten. Aus jener Zeit stammt die Gewohnheit, mit
der jeweilig in der Regierungs = Sphäre herrschenden
Strömung zu schwimmen und dem Wahne zu huldigen,
Zustände, welche von der Regierung geduldet worden,

würden von derselben auch gebilligt und anerkannt, — aus
jener Zeit die Entwöhnung von aller ernsten Arbeit und
genauen Rechenschaftsablegung. Daß es einen Patrio-
tismus geben könne, der Namens der höheren und blei-
benden Interessen des Landes und des Staates Abwehr
von Regierungstendenzen forderte, — das hatte man zur
Zeit unserer Großväter nicht gewußt, weil man es nicht
wissen wollte und weil der optimistische Charakter der
„guten alten Zeit" die Verwischung unliebsamer Gegensätze professionell betrieben, die „gemüthliche" Moral des
„Fünf gradegehen lassens" zu einer Art Landesreligion
gemacht hatte.

Auf diese Periode livländischen Erwachens folgte
dann ein Vierteljahrhundert der Vorherrschaft liberaler
Ideen. Das bekannte Gesetz, nach welchem neue Genera-
tionen zunächst in der Verneinung der Lieblingstendenzen
ihrer Vorgänger das Heil sehen und einander in scharfer
Formulirung ihrer besonderen Gedanken zu überbieten
suchen, forderte auch bei uns sein Recht. Die alten
Einrichtungen und deren Träger hatten sich während der
Zeit der Prüfung so schlecht bewährt, die veränderten
Zeitläufe dem Anschein nach für eine Reform an Haupt
und Gliedern so weiten Raum geboten, daß für eine
Weile das Neuerungsbedürfniß alle übrigen Rücksichten
zurückdrängte. In Stadt und Land erscholl der Ruf
nach veränderten, den Zeitverhältnissen entsprechenden

Lebensformen. Das neue, über die alten Mauern heraus-
gewachsene Riga verlangte nach einer zeitgemäßen Verfassung (eine Erscheinung, die sich in Städten, welche
ähnliche äußere Wandlungen durchzumachen gehabt haben,
ziemlich regelmäßig gezeigt hat), — das Bürgerthum nach
Zulassung zum Großgrundbesitz und nach Theilnahme an
der Landesvertretung, — der Bauernstand nach communaler
Selbstständigkeit, — die Rechtspflege nach einer Umgestaltung der Gerichte und des Gerichtsverfahrens. Außerdem
machte sich das Bedürfniß nach einem Organ für die
Wahrnehmung der gemeinsamen Interessen der drei
Provinzen zeitweilig mit solchem Nachdruck geltend, daß
die Möglichkeit bezüglicher Einrichtungen allen Ernstes in
Erwägung gezogen wurde. Für einen großen Theil des
jüngeren Geschlechts hatten alle überkommenen Ordnungen
die Präsumtion gegen sich und galt der Kampf gegen
die träge Beharrlichkeit der laudatores temporis acti für
die oberste aller politischen Pflichten. Besonderen Eifer
entfaltete in dieser Rücksicht die jugendlich aufstrebende
Presse, deren Regsamkeit und angebliche Indiscretion den
Schrecken der Einen und das Entzücken der Andern aus-
machte und die trotz aller ihr bereiteten Schwierigkeiten
zu einer anerkannten, wenn auch ungern gesehenen Macht-
stellung gelangte. Zwanzig Jahre früher hatte es zu einer
Art von Landesberühmtheit gebracht, wer sich auch nur
im Kreise näherer Freunde zu andern als den herrschenden

Anschauungen bekannt oder den das westliche Europa beherrschenden Ideen das Wort geredet hatte; — die Wahl eines von dem Herkommen abweichenden Lebens= berufs oder einer außerhalb der Gevatterschaft geborenen Lebensgefährtin waren damals zur Begründung einer liberalen Reputation ausreichend gewesen — und jetzt wurden Dinge, welche die wichtigsten Interessen des Lan= des betrafen, als legitimes Eigenthum der Gesammtheit behandelt und auf öffentlichem Markte biscutirt. Nicht nur, daß man die D i n g e bei ihren Namen nannte und daß man Materien, die das vermeintliche Eigenthum eng geschlossener Kreise bildeten, rücksichtslos und nach den heterogensten Gesichtspunkten kritisirte, — auch mit der Schonung von Namen und Personen schien es ein Ende haben zu sollen.

Daß und warum es mit diesen Flegeljahren dessen, was in Liv=, Est= und Kurland Liberalismus hieß, ein Ende genommen hat und daß von den damals gepflanz= ten Bäumen die wenigsten in den Himmel gewachsen sind, wissen Alle, die von ihrem Lande überhaupt Etwas wissen. So gründlich sind diese Zeiten vorüber, daß es schon heute Mode geworden ist, auf dieselben spöttisch herab= zusehen und die Repräsentanten jener Periode allgemeiner Strebsamkeit und Ueberschwänglichkeit als gute Leute und schlechte Musikanten vornehm zu belächeln. Noch un= günstiger werden d i e Männer beurtheilt, die während

der letzten Zeiten des alten Regimes die Führung über=
nommen und die grundlegende Arbeit in Angriff genom=
men hatten. Weil die Allerneuesten sich das Maß von
Verkommenheit nicht vorzustellen vermögen, bei welchem
unsere öffentlichen Zustände zu Anfang der vierziger Jahre
angekommen waren, fehlt es ihnen an dem richtigen
Maßstab für die Beurtheilung der Anfänger unserer
neuen Zeit. Da findet man unbegreiflich, daß das bloße
Bekenntniß zu humanen Ideen jemals für verdienstlich
hat gelten können, daß die Theilnahme an erfolglos ge=
bliebenen Unternehmungen und unausführbaren Pro=
grammen Reputationen begründen, daß der Eifer für
selbstverständliche agrarische Einrichtungen sich zu einem
förmlichen Cultus der Freiheit, Bildung und Selbstständig=
keit des Bauernstandes steigern konnte und daß es eine
Zeit gegeben, in welcher anerkannte ständische Führer
unter Hintansetzung der wichtigsten nächsten Interessen
liberalen Schattenbildern nachjagen und über der Taube
auf dem Dach den Sperling in der Hand vergessen konnten!
Vom Standpunkte eines geläuterten historischen Bewußt=
seins soll der begeisterte Idealismus, mit welchem die vorige
Generation eine Ausgleichung der ständischen Gegensätze
anstrebte, sich ebenso kindlich ausnehmen, wie die Methode,
nach welcher diese Emancipation zunächst auf das gesell=
schaftliche Gebiet verlegt wurde. Die ökonomischen Ge=
sichtspunkte, welchen die Liberalen von ehemals folgten,

gelten den Epigonen für ebenso unhaltbar, wie die poli=
tischen Grundanschauungen des früheren Geschlechts und wie
die Vorstellungen, die dasselbe sich von der livländischen Ver=
gangenheit gemacht hatte. Von dem Cultus, der zu jener
Zeit mit einzelnen Personen getrieben wurde aber heißt es,
er habe zu den Leistungen derselben völlig außer Ver=
hältniß gestanden. Nur aus der illusionären Befangen=
heit der Zeit und aus dem Räucherungsbedürfniß ihrer
Genossen sei zu erklären, daß notorische Mittelmäßigkeiten
das große Wort geführt, anspruchsvolle Dilettanten eine
maßgebende Rolle gespielt hätten u. s. w.

„Tekel, mene, upharsim" hat es immer geheißen,
wo eine Generation die politische Erbschaft einer anderen
antreten sollte und am schlechtesten sind immerdar die
sogenannten Uebergangszeiten bei den Erbnehmern gefah=
ren. — Von der livländischen Uebergangszeit glaubt
der Memoirenschreiber genug gesehen zu haben, um über
dieselbe mitreden zu dürfen. Er hat eine große Zahl
der maßgebenden Personen der fünfziger und sechziger,
theilweise auch der vierziger Jahre gekannt, zu vielen der=
selben dauernd in Beziehung gestanden. Verhältnisse,
deren Erörterung nicht hierher gehört, hatten ihn frühe
daran gewöhnt, den Bestrebungen derjenigen, die für die
Besten ihrer Zeit und ihres Landes galten, mit Aufmerk=
samkeit zu folgen und den Zusammenhängen nachzu=
spüren, welche die verschiedenen Kreise livländischen Lebens

mit einander verbanden. Von der alten Zeit wußte
der Zuhörer der großväterlichen Erzählungen genug, um
schon als Knabe zu verstehen, daß sie von der neuen
durch eine tiefe Kluft geschieden sei und daß zwischen
den Anschauungen der einen und der anderen Generation nur spärliche Verbindungen bestanden. Die Begierde, hinter das Wesen dieser Verschiedenheit zu kommen, für den Gegensatz zwischen rationalistischer und positiv-
kirchlicher Anschauung, — livländischer und kosmopolitischer
Betrachtungsweise der Dinge eine Erklärung zu finden
und verstehen zu lernen, wie Zustände, welche alle Ver-
ständigen trauernd beklagten, überhaupt möglich geworden,
diese Begierde trieb den halbwüchsigen Knaben zu Specu-
lationen an, die über sein Alter und sein Fassungsvermögen
weit hinausgingen. Nichts erschien ihm merkwürdiger und
lehrreicher, als die Beiträge zu beobachten, welche die
einzelnen Männer und Frauen seiner Umgebung zu der
tiefgehenden Wandlung lieferten, die sich in der livländischen Gesellschaft der fünfziger Jahre vollzogen, — die
bei Edelleuten, Predigern, studirten und unstudirten
Bürgerlichen ein durchaus verschiedenes Gepräge trugen
und doch auf das nämliche Ziel gerichtet zu sein schienen.
Selbst der Entwicklungsgang, den die einzelnen Familien in dieser Richtung durchzumachen hatten, bot ein
gewisses Interesse dar, wo die Enge und Durchsichtigkeit
der Verhältnisse ziemlich umfassende Beobachtungen

ermöglichten und wo sich von Jahr zu Jahr verfolgen
ließ, daß Annäherung zwischen den verschiedenen Ständen
und Zuwendung zu den humanen Zeitideen Fortschritte
machten. Die reichste Ausbeute boten die letzten Schul-
und die Universitätsjahre, weil sie die Zahl der Beobach-
tungspunkte vermehrten. Endlich wurde der Schreiber
dieser Blätter durch einen längeren, den eigentlichen
Studienjahren vorhergehenden Aufenthalt in St. Petersburg, in die Lage versetzt, die baltischen Verhältnisse einige
Zeit lang von ihrer Außenseite zu betrachten und die für
die russische Beurtheilung derselben maßgebenden Ge-
sichtspunkte kennen zu lernen.

Aus diesen Antecedenzien, aus seiner mehrjährigen
Theilnahme an den Kämpfen, welche das livländische
Leben der sechziger Jahre erfüllten, und aus dem Um-
stande, daß er der directen Berührung mit den heimischen
Zuständen seit anderthalb Jahrzehnten vollständig entrückt
und auf die Rolle des Zuschauers beschränkt geblieben
ist, leitet der Verfasser das Recht ab, von den Dingen,
die er erlebt und gesehen hat, öffentlich zu berichten.
Den Anfang dieses Berichts haben die vorliegenden Auf-
zeichnungen aus längst vergangener Zeit gebildet, die
Fortsetzung wird sich zunächst an die Schicksale dritter
Personen anschließen und sodann zu des Verfassers eigenen Erlebnissen übergehen. Vielleicht gelingt es, diese
„Lebensläufe in absteigender Linie“ mit den livländischen

Zeitläufen in so enge Verbindung zu bringen, daß sie auch denjenigen Antheil einflößen, denen die Beschäftigung mit den Geschicken einzelner Menschen nicht der Mühe werth zu sein dünkt. Die Zeiten aber, in denen jede Betrachtung der Schicksale und Entwickelungen des abgelegenen Winkels am baltischen Ufergelände für verlorene Liebesmüh angesehen werden konnte, sind einmal vorüber, — für das Inland ebenso vorüber, wie für das Ausland. Wenn nichts weiter, so ist doch das Eine erreicht worden, daß man wieder von uns Notiz nimmt, daß russische Reichs- und deutsche Stammes-genossen dem Liv-, Est- und Kurländer den Besitz eigen-thümlich gearteter Lebensformen und eines eigenen Vater-landes bezeugen müssen. Dieses Vaterland kann von seinen Söhnen verleugnet, aber nicht mehr ignorirt wer-den, weil es an die Einzelnen bestimmte Anforderungen stellt, deren Abweisung eine gewisse Anstrengung, einen Entschluß fordert. Und weil wir einmal noch da sind, dürfen wir auch von unserem Dasein Zeugniß ablegen. Von baltischen Dingen zu reden, hat einen Sinn, seit es wieder ein baltisches Publikum und außerdem eine weitere Zuhörerschaft giebt, die sich mehr und mehr an den Ge-danken gewöhnt, daß die Frage nach unserer Zukunft am Ende doch noch eine größere und allgemeinere, als die ihr bisher zugeschriebene Bedeutung erlangen könnte.

Das Wort, nach welchem Jeder sich selbst den Werth

13 *

giebt und nur der eigene Wille „den Menschen groß und
klein macht", gilt nicht nur von Individuen, sondern auch
von Gemeinschaften, mögen dieselben Staaten oder Provinzen, Länder oder Landschaften, Völker oder Colonien
heißen. Es kommt auch für uns nur darauf an, daß
der Wille zum Leben, und zwar zu selbstständigem, auf
sich selbst ruhendem Leben dem Lande und seinen Söhnen
erhalten und daß er gekräftigt werde. Zu solcher Lebens-
erhaltung haben die vorliegenden Blätter beitragen wollen,
indem sie daran erinnerten, was Alles über das Land
unserer Väter hinweggegangen ist, ohne daß demselben die
Fähigkeit zu eigenartiger Existenz und zur Erneuerung
seiner Kräfte abhanden gekommen wäre.